COMPRENDRE LA FONCTION DE RÉGULATION ÉLECTORALE DU CONSEIL CONSTITUTIONNEL DU SÉNÉGAL

Chronique jurisprudentielle des élections présidentielle du 24 mars 2024 et législatives anticipées du 17 novembre 2024

Cheikh Mbacké NDIAYE

COMPRENDRE LA FONCTION DE RÉGULATION ÉLECTORALE DU CONSEIL CONSTITUTIONNEL DU SÉNÉGAL

Chronique jurisprudentielle des élections présidentielle du 24 mars 2024 et législatives anticipées du 17 novembre 2024

Sénégal
L'Harmattan

Du même auteur chez le même éditeur

La protection juridictionnelle de l'ordre constitutionnel au Sénégal, 2025

10 VDN, Sicap Amitié 3, Lotissement Cité Police, DAKAR

http://www.harmattansenegal.com
senharmattan@gmail.com
senlibrairie@gmail.com

ISBN : 978-2-336-52963-9
EAN : 9782336529639

À mon épouse Soukèyena et aux enfants

SOMMAIRE

INTRODUCTION

Le contentieux électoral, au sens étroit, a pour objet de vérifier l'authenticité ou l'exactitude du résultat de l'élection.

Au sens large, il englobe le contentieux des opérations préparatoires, celui de la liste électorale, celui des candidatures, celui des opérations électorales et le contentieux répressif destiné à sanctionner les actes de fraude, constitutifs d'infractions, commis dans le cadre du processus électoral [1].

Si pour l'élection présidentielle, le Sénégal avait opté dès le début de l'indépendance pour la résolution des litiges par la voie judiciaire[2], en ce qui concerne les élections législatives, jusqu'en 1981, le constituant sénégalais avait fait le choix du système dit de la « vérification des pouvoirs ». Ce système donne le pouvoir à l'Assemblée nationale de vérifier la régularité de la désignation de ses membres[3].

Certes, l'alinéa 1er de l'article 29 de la Constitution de 1963 prévoyait que « la Cour suprême veille à la régularité du scrutin dans les conditions déterminées par une loi organique », mais cette disposition était restée inappliquée parce que la loi organique ainsi

---

[1] J-C MASCLET, « Contentieux électoral », in P. PERRINEAU et D. REYNIE, *Dictionnaire du vote*, Paris, PUF, 2001, p. 251.

[2] J. C. GAUTRON et M. ROUGEVIN BAVILLE, *Droit public du Sénégal*, Paris, A. Pédone, 1977, p. 61.

[3] Cette procédure dite de « vérification des pouvoirs » incombait à une commission spéciale qui examinait la régularité des procès-verbaux de l'élection, les protestations électorales et d'une manière générale, procédait aux enquêtes en matière de validation. Son rapport était ensuite soumis à l'Assemblée nationale qui se prononçait à la majorité des suffrages exprimés. Voir J. M. NZOUANKEU, « Chronique constitutionnelle. La consolidation et le renforcement de la démocratie au Sénégal : la révision constitutionnelle du 6 mai 1981 et le multipartisme illimité », *RIPAS*, octobre-décembre 1981, p. 355.

prévue qui devait déterminer les modalités d'intervention de la Cour suprême n'a pas été adoptée[4].

La justification du système de la validation est fournie par le Professeur E. H. MBODJ, qui fait remarquer que « la finalité de l'élection démocratique étant d'octroyer une onction de légitimité démocratique populaire aux représentants, le juge, dépourvu de toute légitimité électorale, ne devrait point par conséquent jouir de l'autorité de contrôler, censurer ou valider l'élection de ceux censés exprimer la volonté générale de la nation »[5].

Cependant, ce système de la validation, nonobstant ses fervents défenseurs et son application par certaines démocraties libérales,[6] comporte des limites du point de vue de son efficacité, dans la mesure où l'on peut douter de la volonté réelle d'autocontrôle de la part des élus.

C'est pourquoi, en 1981, le constituant a procédé à une juridictionnalisation du contrôle de la régularité des élections pour mieux garantir la légitimité du processus électoral[7] dans le contexte socio-politique de l'époque, car de l'avis de certains observateurs de la vie politique en Afrique en général, et au Sénégal en particulier, l'élection correspond souvent à une période agitée faite de troubles et de violences.[8] Dès lors, sa gestion ne peut être confiée qu'à un organe

---

[4] J. M. NZOUANKEU, « Chronique constitutionnelle. La consolidation et le renforcement de la démocratie au Sénégal : la révision constitutionnelle du 6 mai 1981 et le multipartisme illimité », précité, p. 353.

[5] E. H. MBODJ, « Le juge : un déterminant du processus électoral en Afrique ? », *Mélanges en l'honneur de Jean du Bois de GAUDUSSON, Espaces du service public*, Tome I, *Droits d'ailleurs,* Presses universitaires de Bordeaux, 2013, p. 421, note 1.

[6] L'Allemagne l'applique en dernière instance, de même que la France qui, jusqu'en 1958, pratiquait ce système. Voir S. DIOP, « La justice du politique au Sénégal », *in La justice en Afrique*, *Afrique contemporaine*, N° 156 (spécial), La Documentation française, 4e trimestre, 1990, p. 193.

[7] J. M. NZOUANKEU, « Chronique constitutionnelle. La consolidation et le renforcement de la démocratie au Sénégal : la révision constitutionnelle du 6 mai 1981 et le multipartisme illimité », *op.cit.*, pp. 349 et s.

[8] C. YOUNG et B. KANTE, « Gouvernance et démocratie. Les élections de 1988 au Sénégal », *in Gouverner l'Afrique vers un nouveau partage des rôles*. Editions Nouvelles horizons, 1992, pp. 84-107.

impartial. L'intervention du juge était plus que nécessaire d'autant que des cas de « détournement de la volonté populaire » ne manquaient pas de se révéler[9].

L'appréciation de la régularité des élections présidentielle, législatives, locales et des opérations référendaires est, désormais, confiée au juge. Certes, l'objectif de la réforme était fort louable mais sa mise en œuvre révélait des carences. En effet, la présence de la Cour suprême pendant tout le processus électoral rendait peu efficace son contrôle, mettant ainsi la réforme en deçà des attentes. Un questionnement subsistait : comment le juge pouvait-il superviser les élections et juger en même temps de leur régularité ? Pouvait-il réellement se déjuger ?

Le propos du Professeur Demba SY qui écrit à ce titre : « Lorsque la Cour suprême statue sur le contentieux, elle ne procède pas à des annulations ; si elle le faisait elle se déjugerait car elle est censée avoir veillé à la régularité du scrutin »[10] rend légitime ce questionnement.

C'est pourquoi les réformes entamées depuis 1992 peuvent être mises au registre des progrès du système électoral. En effet, même si dans la pratique, des atermoiements ont été notés, ces réformes procèdent à une décharge du juge des élections et confient certains aspects du processus électoral à des organes créés à cet effet[11]. Elles limitent ainsi l'intervention du juge en amont et en aval du processus électoral.

---

[9]A. L. COULIBALY, *Le Sénégal à l'épreuve de la démocratie. Enquête sur cinquante ans de lutte et de complot au sein de l'élite socialiste*, Paris, L'Harmattan, 1999, pp. 38 et s.

[10]D. SY, « Sur la jurisprudence constitutionnelle au Sénégal », Dakar, avril 1993, inédit.

[11]E. H. MBODJ, « Faut-il avoir peur de l'indépendance des institutions électorales en Afrique ? », *Afrilex,* 2009, pp. 1-32.

Le processus électoral connait alors un « nouvel environnement juridique »[12], qui procède à l'allégement des rôles du juge.

Le Conseil constitutionnel, dans sa décision du 13 mars 1993 a bien reconnu la compétence des organes créés dans la foulée des réformes en marge des juridictions, et a par ailleurs procédé à la délimitation de celle-ci[13].

Le Conseil qui a hérité des attributions de la formation des sections réunies de l'ancienne Cour suprême intervient désormais lors du dépôt des candidatures[14] et au stade final, lors de la proclamation définitive des résultats[15]. Le contentieux de l'inscription sur les listes électorales

[12]E. H. MBODJ, « Le nouvel environnement juridique des élections au Sénégal », *Le Témoin*, N° 133, Samedi 16 février 1993, p. 9.

[13] Voir *JORS* N°1533 du 20 mars 1993, p. 81.

[14]Voir les Décisions n° 1, 2, 3, 4, 5, 6, 7 et 8 /E/2022 du 21 mai 2022 suite au contrôle des parrainages pour les législatives du 31 juillet 2022, les décisions n° 9, 10, 11, 12 et 13 /E/2022 du 2 juin 2022 suite à la publication de l'arrêté du ministre de l'intérieur portant recevabilité des listes de candidats aux élections législatives du 31 juillet 2022, les décisions n°14, 15, 16, 17, 18 et 19/E/2022 du 3 juin 2022 suite à la publication de l'arrêté du ministre de l'Intérieur portant recevabilité des listes de candidats aux élections législatives du 31 juillet 2022 et la décision n° 20/E/2022 du 11 août 2022 proclamation résultats définitifs des élections législatives du 31 juillet 2022 .

[15] Cons. const., 11 juillet 2005, Récusation du président et du vice-président de la CENA, *in* I. M. FALL (dir.), *Les décisions et avis du Conseil constitutionnel du Sénégal. Rassemblés et commentés, op.cit., p.* 503.

est désormais de la compétence du Président du Tribunal d'Instance ou du juge délégué à cet effet[16]. En ce qui concerne l'élection du Président

[16] L'article L. 41 du Code électoral prévoit que l'électeur qui a fait l'objet d'une radiation reçoit de la part de l'autorité administrative compétente, la notification écrite des motifs de la procédure intentée contre son inscription, à sa dernière résidence connue.
Il peut dans les cinq jours qui suivent, intenter un recours devant le Président du Tribunal d'Instance.
L'article L. 42 du Code électoral dispose : « Tout citoyen omis sur la liste électorale ou victime d'une erreur purement matérielle portant sur l'un de ses éléments d'identification et détenant son récépissé peut exercer un recours devant le Président du Tribunal d'Instance dans les vingt jours qui suivent la publication de la liste électorale, soit directement, soit par l'intermédiaire de la C.E.N.A.
Tout électeur inscrit sur la liste électorale peut réclamer, dans les mêmes conditions, l'inscription d'un électeur omis ou la radiation d'un électeur indument inscrit. Le même droit appartient à l'autorité administrative compétente.
Le Président du Tribunal d'Instance, saisi dans les formes décrites à l'alinéa 2 du présent article, statue dans les délais fixés à l'alinéa 3 de l'article L. 39 (…) ».
L'article L. 39 alinéa 3 *in fine* dispose que « le Président du Tribunal statue sans frais ni forme de procédure et sur simple avertissement donné trois jours à l'avance de toutes les parties intéressées ».
L'article L. 44 du Code électoral dispose que « la décision du président du Tribunal d'instance est rendue en dernier ressort. Elle peut être déférée en cassation devant la Cour suprême, conformément aux dispositions de la loi organique sur ladite Cour ».
Les articles L. 45, 46 et L. 47 dudit Code règlementent respectivement les délais de recours (10 jours), la présentation de la requête et les conditions d'enrôlement et jugement de l'affaire par la Cour suprême.
En application de ces textes, la Cour suprême a eu à trancher des litiges relatifs à l'inscription sur les listes électorales.
Dans l'affaire *Commission Electorale nationale autonome c./Etat du Sénégal*, la Cour suprême statuant sur la recevabilité du recours dirigé contre la décision du Président du Tribunal départemental de Podor a rappelé les dispositions de l'article L. 44 du Code électoral (ancien), notamment le délai de 10 jours pour se pourvoir devant la Cour suprême, à peine d'irrecevabilité, contre la décision du Président de la juridiction d'instance. En l'espèce, l'ordonnance litigieuse du Président du Tribunal d'instance de Podor avait été notifiée à la CENA le 31 mars 2008, par l'intermédiaire de la Commission départementale autonome de Podor. La CENA avait attaqué cette décision par la voie du pourvoi en cassation le 16 avril 2008, soit plus de dix (10) jours après la notification de l'ordonnance. La Cour suprême a considéré que la CENA a agi hors délai et a rejeté le pourvoi pour tardiveté.
Dans l'affaire *Arona SONKO c/ Ministère chargé des élections*, la Cour suprême a considéré que l'ordonnance N° 001 du 7 octobre 2023 du Président du Tribunal d'Instance de Ziguinchor a méconnu le sens et la portée des dispositions de l'article 3 du décret 2021-976 du 26 juillet 2021 portant révision exceptionnelle des listes en vue des élections départementales et municipales du 23 janvier 2022 qui prévoyait que la Commission administrative procède à la prise en charge des demandes de changement

de la République et les élections législatives, le contentieux de la liste des candidats et des listes de candidats et celui du scrutin sont de la

---

de circonscription électorales ou d'adresse dûment justifiées par la production de la preuve du lien de rattachement avec la circonscription ou l'adresse sollicitée, en rejetant la demande de changement de circonscription électorale de l'étranger à une nouvelle résidence au motif qu'il sollicite une nouvelle inscription alors que l'intéressé remplissait les conditions légales de changement.

L'instruction du dossier avait permis à la Cour suprême de constater que Arona SONKO, suivant récépissé n° 2125713 du 9 août 2021 établi en son nom, s'était inscrit au fichier des Sénégalais de l'extérieur avait saisi la commission administrative pour demander le changement de circonscription de l'étranger (France) à Doummassou, dans le village de Diagnon, situé dans la commune d'Adéane, sa nouvelle résidence. Le Président du Tribunal d'Instance de Ziguinchor avait, par ordonnance N° 001 du 7 octobre 2023, rejeté la demande au motif que l'intéressé sollicitait une nouvelle inscription.

En l'espèce, la Cour suprême a cassé l'ordonnance du Président du tribunal d'instance de Ziguinchor, au motif qu'il en résultait une mauvaise qualification de la demande avant de préciser que le requérant sollicitait, en réalité, un changement de circonscription électorale et non une nouvelle inscription sur la liste électorale.

Cette jurisprudence sera réitérée dans l'affaire Ismaila GOUDIABY *c/ Ministère chargé des élections.* Dans cette affaire, le requérant qui s'était inscrit au fichier des Sénégalais de l'Extérieur (New York) avait saisi la commission administrative pour demander le changement de sa circonscription électorale de l'étranger à Lydianne dans la commune de Ziguinchor, sa nouvelle résidence, en application de l'article 3 du décret 2021-976 du 26 juillet 2021 portant révision exceptionnelle des listes en vue des élections départementales et municipales du 23 janvier 2022. La mauvaise qualification de la demande en une nouvelle inscription alors qu'il s'agissait d'un changement de circonscription électorale a été sanctionnée par la Cour suprême qui a cassé et annulé l'ordonnance qui avait méconnu le sens et la portée de l'article 3 du décret précité.

Dans une décision un peu plus ancienne, la Cour suprême a rappelé les attributions du Président du Tribunal d'instance par une considération qui a l'allure d'un principe général de droit en décidant que « les tribunaux départementaux sont les dépositaires des listes électorales ». En vertu de cette règle de droit, la Cour suprême, après avoir rappelé les dispositions de l'article L. 41 du Code électoral qui prévoyait : « tout électeur inscrit sur la liste électorale peut réclamer (…) la radiation d'un électeur inscrit », a considéré qu'en rejetant la demande d'Adama NDIAYE et consorts au seul motif qu'ils n'avaient pas apporté la preuve de leur qualité d'électeurs inscrits sur les listes électorales des communes de Linguère, alors qu'il lui appartenait de vérifier l'inscription des demandeurs sur la liste, le premier juge a fait une mauvaise application du texte précité ». La Cour suprême invite, à travers cette décision, le Président du tribunal d'instance de s'approprier tous les pouvoirs d'instruction qu'il tient du Code électoral.

compétence du Conseil constitutionnel, tandis que le contentieux de la campagne électorale est dévolu à la Cour d'Appel de Dakar[17].

Le traitement juridictionnel du contentieux électoral constitue un gage de transparence dans la conduite du processus de désignation du Président de la République et des députés. Toutefois, à chaque élection nationale, le Conseil constitutionnel sénégalais « passe une épreuve redoutable ». Le plus souvent, son intervention est précédée ou suivie de violences [18], ce qui atteste de son caractère véritablement contentieux. Le caractère contentieux des élections qui n'est pas propre au Sénégal est mis en exergue par Stéphane BOLLE qui écrit : « Dénoncée non sans virulence, par l'opposition en général, et par ses victimes désignées, la législation de guerre électorale sera contestée devant la juridiction constitutionnelle chaque fois qu'une fraction qualifiée de la représentation nationale y aura un intérêt politique »[19]. Les requérants invoquent le plus souvent la violation du Code électoral, mais également de la Constitution [20].

L'élection présidentielle du 24 mars 2024 s'est tenue dans un contexte particulier. L'abrogation, par décret n° 2024-106 du 3 février 2024, du décret n° 2023-2283 du 29 novembre 2023 portant convocation du corps électoral et l'adoption sous le n°4/2024 de la loi

---

[17] Article LO. 130 du Code électoral.

[18]Le Vice-président du Conseil constitutionnel du Sénégal, Me Babacar SEYE, a été assassiné le 15 mai 1993 lors des législatives de la même année. Voir A. L. COULIBALY, *Le Sénégal. Affaire Me Sèye, un meurtre sur commande,* Paris, L'Harmattan, 2005, 211p. Au Bénin lors de l'élection présidentielle de 1996, les membres de la Cour constitutionnelle ont été menacés de mort et le domicile de l'un d'eux, en l'occurrence Maurice Ahanhanzo GLELE mitraillé. Voir S. BOLLE, « Les juridictions constitutionnelles et les crises électorales », *in Les Cours constitutionnelles et les crises*, 5ème congrès de l'A.C.C.P.U. F, Cotonou, 22-28 juin 2009, p. 81.

[19]S. BOLLE, « Les juridictions constitutionnelles et les crises électorales », précité, p. 84.

[20]Dans l'arrêt du 13 mars 1978 Abdoulaye WADE c / Election présidentielle du 26 février 1978, la Cour suprême devait donner le sens de l'article 2 de la Constitution du 7 mars 1963 qui posait le secret de vote. Voir E. H. MBODJ, *La succession des chefs d'États africains en droit constitutionnel africain (Analyse juridique et impact politique),* Thèse de doctorat d'État en Droit public, Université Cheikh Anta Diop de Dakar, 1991, p. 44, note 131.

portant dérogation aux dispositions de l'article 31 de la Constitution par l'Assemblée nationale, en sa séance du 5 février 2024, intervenues après la publication par le Conseil constitutionnel de la décision arrêtant la liste des candidats[21], ont mis le Conseil constitutionnel à l'épreuve.

Après la publication de la décision arrêtant la liste provisoire des candidats[22] par le Conseil constitutionnel, suite à une requête introduite par le candidat Thierno Alassane SALL, sur le fondement de l'article L.127, alinéa premier du Code électoral qui prévoit que « le droit de réclamation contre la liste des candidats est ouvert à tout candidat »[23], le Conseil constitutionnel a déclaré irrecevable la candidature de Karim Meïssa Wade en raison de sa double nationalité, française et sénégalaise[24].

L'irrecevabilité de la candidature de Ousmane SONKO était motivée par l'absence de l'attestation confirmant le versement de sa caution[25].

---

[21] Cons. const., Décision N° 2/E/2024 du 20 janvier 2024.

[22] Cons. const., Décision N° 1/E/2024 du 12 janvier 2024.

[23] Voir la Décision n° 3/E/2024 du 8 février 2024 du Conseil constitutionnel rejetant le recours d'une personne n'ayant pas la qualité de candidat. Invoquant la qualité de candidat à l'élection présidentielle du 25 février 2024, le requérant a, par requête datée du 28 décembre 2023, sollicité du Conseil constitutionnel une déclaration d'inconventionnalité de la loi constitutionnelle n° 2018-14 du 11 mai 2018. Cette saisine assez biscornue, provenant d'un requérant dont on peut présumer qu'il maitrise le droit, mérite quelques remarques sur les arguments ayant soutenu la demande. En effet, le greffe du Conseil constitutionnel n'avait ni reçu, ni enregistré une déclaration de candidature à l'élection présidentielle du 25 février 2024 au nom du requérant, sa requête ne pouvait être traitée dans la décision arrêtant et publiant la liste définitive des candidats. L'article 29 de la Constitution issu de la loi constitutionnelle n° 2018-14 du 11 mai 2018 instituant le parrainage, dont il soutenait l'inconventionnalité, a été abrogé par la loi constitutionnelle n° 2023-13 du 2 août 2023 et ne fait plus donc partie de l'ordonnancement juridique. Ensuite le Conseil constitutionnel n'a eu de cesse de rappeler que le Protocole A/SP1/12/01 de la CEDEAO sur la démocratie et la bonne gouvernance additionnel au protocole relatif au mécanisme de prévention, de gestion, de règlement des conflits, de maintien de la paix et de la sécurité, qu'il invoquait à l'appui de votre requête, ne fait pas partie des normes internationales citées ou prévues dans le préambule de la Constitution et n'est pas, en conséquence, une norme de référence.

[24] Cons. const., Décision N° 2/E/2024 du 20 janvier 2024.

[25] Cons. const., Décision N° 1/E/2024 du 12 janvier 2024.

Faisant usage de son droit de réclamation [26], il saisit le Conseil constitutionnel pour contester ladite décision. Le rejet de la requête par le Conseil était motivé par l'existence d'une condamnation pénale devenue définitive prononcée en 2023 à l'encontre de Ousmane SONKO dans l'affaire l'opposant à Mame Mbaye KAN NIANG [27] et le rendant inéligible pour une durée de 5 ans en application de l'article L. 30 du Code électoral [28].

Dans un discours du 2 février 2024, le Président de la République, Macky SALL, avait annoncé le report de l'élection présidentielle initialement prévue pour le 25 février 2024. Pour justifier le report, il avait invoqué des problèmes non résolus liés à des décisions d'irrecevabilité ou de rejet des dossiers de plusieurs candidats, dont ceux de Karim Meïssa WADE et d'Ousmane SONKO, par le Conseil constitutionnel, semant ainsi des doutes sur l'équité, la transparence et la fiabilité du processus électoral.

Le Conseil constitutionnel, « dont le style des décisions se rapproche fortement d'une motivation succincte et brève comme celle de son homologue français » [29], se libère de ses habitudes de décision d'incompétence lorsqu'il s'agissait de contrôler la constitutionnalité d'une loi constitutionnelle ou la légalité d'un acte administratif, et comme par un « interventionnisme », assure sa fonction de régulation

---

[26] L'article L.127, alinéa premier du Code électoral, prévoit que le droit de réclamation contre la liste des candidats est ouvert à tout candidat.

[27] Dans le considérant 18 de la décision N° 2/E/2024 du 20 janvier 2024 du Conseil constitutionnel, il est relevé : « Considérant qu'aux termes de l'article L.125 du Code électoral, pour s'assurer de la validité des candidatures déposées (...), le Conseil constitutionnel fait procéder à toute vérification qu'il juge utile ; que par arrêt N° 1 du 4 janvier 2024, transmis par la Cour suprême, celle-ci a rejeté le pourvoi de Ousmane SONKO dirigé contre l'arrêt n° 137 du 8 mai 2023 rendu par la première chambre correctionnelle de la Cour d'Appel de Dakar, dans la procédure de diffamation qui l'opposait à Mame Mbaye Kan NIANG ; qu'il en résulte qu' Ousmane SONKO se trouve définitivement condamné à une peine d'emprisonnement de 6 mois avec sursis ».

[28] Cons. const., Décision N° 2/E/2024 du 20 janvier 2024.

[29] E. BOTTINI et A. CORRE-BASSET, « Chronique de droit constitutionnel comparé (janvier 2024 à juin 2024), *Cahiers du Conseil constitutionnel,* N° 13, novembre 2024.

qu'il tient de la Constitution[30] et de la loi organique qui régit son fonctionnement[31], en déclarant contraire à la Constitution la loi constitutionnelle adoptée par l'Assemblée nationale, et en annulant le décret ainsi attaqué[32].

Ce pouvoir de régulation des élections nationales que le Conseil constitutionnel tient de l'article 92 de la Constitution lui a permis, compte tenu du contexte juridique de réduire tous les délais liés au processus électoral (convocation du corps électoral, campagne électorale, fixation de la date du scrutin…), afin de permettre la tenue du scrutin avant le 2 avril 2024[33] et l'installation dans ses fonctions du Président de la République nouvellement élu[34].

Au demeurant, la décision du Conseil constitutionnel N° 1/C/2024 du 15 février 2024 est remarquable en ce qu'elle met fin à une fausse idée et révèle un oubli, tout comme ses suites judiciaires à travers les décisions N° 60/E/2024 du 5 mars 2024 et N° 45/E/2024 du 6 mars 2024 ont été décisives pour lever « les obstacles déterminants »[35] à la poursuite du processus électoral.

---

[30] Article 92 de la Constitution.

[31] Article 2 de la loi organique N° 2016-23 du 14 juillet 2016 relative au Conseil constitutionnel, *JORS,* N° 6946, du 15 juillet 2016, p. 928.

[32] Ce qui a fait écrire au Pr. Danièle DARLAN dans un article intitulé « L'ESPOIR » : « Une justice indépendante est le cœur de la démocratie ; sans justice, sans respect des textes et en particulier de la Loi Fondamentale, la démocratie est une coquille vide : le Conseil Constitutionnel sénégalais a rempli cette exigence d'indépendance et a ainsi rempli sa mission. » ; Bernard VATIER et Jean Paul JAN écrivent : « Dans une période d'agitation extrême où les institutions vacillent, quel réconfort de pouvoir lire les décisions du Conseil constitutionnel du Sénégal rendues à propos de l'élection présidentielle. », *La lettre de la CIB* – Mars 2024.

[33] Voir Cons. const., Décision N° 7/E/2024 du 29 mars 2024 portant proclamation des résultats définitifs du scrutin du 24 mars 2024, en vue de l'élection présidentielle.

[34] Le 2 avril 2024, s'est tenue l'audience de prestation de serment, suivie de l'installation dans ses fonctions du Président de la République élu par le Conseil constitutionnel.

[35] Sur les impasses survenues lors du déroulement du processus électoral au Sénégal, voir A. VAZ, « Nous avons buté sur un problème déterminant… », *Le Soleil*, Samedi 28 et Dimanche 28 février 1993, p. 7 ; A. VAZ, « Nous allons saisir le Conseil constitutionnel », *Le Soleil,* hors-série, Dimanche 28 février 1993 ; E. H. MBODJ, « Le juge : un déterminant du processus électoral en Afrique ? », *Mélanges en*

Les élections législatives anticipées du 17 novembre 2024 ont été un tourant décisif pour le Président de la République arrivé au pouvoir en mars 2024. En effet, pour la définition et l'exécution de la politique de la nation, le Président de la République a besoin d'une majorité confortable à l'Assemblée nationale. Pour ce faire, la seule voie qui s'imposait était la dissolution de l'institution parlementaire. Mais cette dissolution devant être faite en application des dispositions de l'article 87 de la Constitution qui prévoit que « le Président de la République peut, après avoir recueilli l'avis du Premier Ministre et celui du Président de l'Assemblée nationale, prononcer, par décret, la dissolution de l'Assemblée nationale.

Toutefois, la dissolution ne peut intervenir durant les deux premières années de législature.

Le décret de dissolution fixe la date du scrutin pour l'élection des députés. Le scrutin a lieu soixante jours au moins et quatre-vingt-dix jours au plus après la date de publication dudit décret ».

Pour mettre fin au débat sur l'interprétation de ce texte, notamment la date de départ de la législature, le Président de la République, en application des dispositions de l'article 92 de la Constitution, a saisi le Conseil constitutionnel pour avis. La demande d'avis soumise au Conseil constitutionnel comportait trois questions : la date à partir de laquelle la dissolution est possible, la date du scrutin et l'applicabilité de certaines dispositions du Code électoral, notamment celles relatives au parrainage qui prévoient des délais largement supérieurs au délai de 90 jours maximum prévu pour la date du scrutin en cas d'élections législatives anticipées.

Après la publication du décret portant dissolution de l'Assemblée nationale et celui fixant la date du scrutin et les modalités de son organisation, un groupe de députés (du Parlement dissous) prétendant

---

l'honneur de Jean du Bois de GAUDUSSON, Espaces du service public, Tome I, *Droits d'ailleurs,* Presses universitaires de Bordeaux, 2013, p. 432 et s ; E. H. MBODJ, « Les impasses… », Le *témoin*, N° 135, p. 9.

être candidats auxdites élections législatives anticipées, et des partis politiques saisissent le Conseil constitutionnel pour conster ces décrets.

En outre, le Président de la République, par une autre demande d'avis, a saisi le Conseil constitutionnel pour dire, si au regard de l'urgence et du contexte, notamment les tensions de trésorerie et des finances publiques, le format classique du bulletin de vote et son contenu ne devraient pas être changés pour les raisons de gain de temps et d'économie budgétaire.

Les péripéties qui entourent le déroulement de ces processus électoraux ont permis au Sénégal de se distinguer parmi les démocraties électorales, et cela, grâce à la mise en œuvre de la fonction de régulation du Conseil constitutionnel.

PREMIÈRE PARTIE

LA RÉGULATION DE L'ÉLECTION PRÉSIDENTIELLE DU 24 MARS 2024

Dans la Constitution et le Code électoral, il est aménagé des dispositions spécifiques relatives à l'élection du Président de la République. Le Conseil constitutionnel, maître d'œuvre du processus électoral, exerce un pouvoir de régulation lui permettant d'assurer le bon déroulement du processus en vue d'un scrutin transparent, fiable et conforme au cadre juridique. L'élection présidentielle du 24 mars 2024 s'est déroulée dans un contexte particulier. Cette particularité est bien visible lors de l'examen de la validité des candidatures (**Chapitre I**), ce qui a entrainé un contentieux ayant des suites judiciaires qui ont mis en exergue la fonction de régulation du Conseil constitutionnel (**Chapitre II**).

Chapitre I :

L'examen de la validité des candidatures

Avec le nombre pléthorique de candidatures et les délais imposés par le constituant et législateur, le Conseil constitutionnel était obligé d'élaborer une véritable feuille de route pour mener à bien le processus électoral. C'est pourquoi, en application des dispositions de la Constitution et du Code électoral relatives au parrainage[36] , le processus

---

[36] Le parrainage a été institué par le constituant sénégalais à travers la loi constitutionnelle n° 63-22 du 7 mars 1963 qui proposait un parrainage mixte composé d'électeurs et d'élus députés en disposant, en son article 24, alinéa 2, qu': *« aucune candidature n'est recevable si elle n'est accompagnée de la signature de cinquante électeurs dont dix députés au moins ».*

Une révision constitutionnelle issue de la loi constitutionnelle n° 67-32 du 20 juin 1967, a modifié cette disposition en limitant le parrainage aux candidats présentés par les partis politiques légalement constitués. L'article 24, alinéa 2, de la Constitution disposait : *« Aucune candidature n'est recevable si elle n'est présentée par un parti politique légalement constitué ou si elle n'est accompagnée de la signature de cinquante électeurs dont dix députés au moins ».*

Le parrainage a connu une autre évolution marquée par l'augmentation du nombre de parrains requis qui passait de 50 à 10.000, avec l'obligation d'une répartition géographique dans 6 régions à raison de 500 au moins par région. Par la même occasion, le parrainage par les élus a été abandonné pour faire place à un parrainage exclusivement par les citoyens. L'article 24 de la loi constitutionnelle n° 91-46 du 6 octobre 1991 disposait : *« Toute candidature, pour être recevable, doit être présentée par un parti politique légalement constitué ou être accompagnée de la signature d'électeurs représentant au moins dix mille inscrits domiciliés dans six régions à raison de cinq cents au moins par région ».*

L'adoption d'une nouvelle Constitution par la loi n° 2001-03 du 22 janvier 2001 a permis de modifier certaines dispositions sur le parrainage, notamment l'article 29 alinéa 4 de la Constitution qui précisait que : *« Toute candidature, pour être recevable, doit être présentée par un parti politique ou une coalition de partis politiques légalement constitués ou être accompagnée de la signature d'électeurs représentant au moins dix mille inscrits domiciliés dans six régions à raison de cinq cents au moins par région ».* Ce texte qui a remplacé l'ancien article 24 de la Constitution de 1963, conservait le même nombre de parrains et de régions que la loi de 1991, mais exemptait les coalitions de partis politiques légalement constitués de

électoral de la présidentielle du 24 mars 2024 a été marqué en amont par la vérification des parrainages **(I)** et par le contentieux des candidatures **(II).**

I- La vérification des parrainages

Dans la phase préparatoire de l'élection présidentielle du 24 mars 2024, le Conseil constitutionnel a pris abord la décision n° 1/E/2023 du 24 novembre 2023 fixant les modalités de réception des dossiers de déclaration de candidature et les règles de fonctionnement de la Commission de Contrôle des parrainages, en vue de l'élection présidentielle du 25 février 2024. Ensuite, la décision n° 2/E/2023 du 12 décembre 2023 portant désignation des membres de la Commission

---

l'exigence d'être parrainées par des électeurs, au même titre que les partis légalement constitués.

La loi n° 2018-14 du 11 mai 2018 portant révision de la Constitution, a donné une nouvelle rédaction à l'article 29 de la Constitution en disposant : *« Pour être recevable, toute candidature doit être accompagnée de la signature d'électeurs représentant, au minimum, 0,8 % et, au maximum, 1 % du fichier électoral général. Ces électeurs doivent être domiciliés dans au moins sept régions à raison de deux mille au moins par région. Un électeur ne peut parrainer qu'un candidat. Les modalités du contrôle des listes de parrainage sont fixées par la loi ».*

Ce texte apporte une innovation sur quatre points. D'abord, il exprime en pourcentage le nombre de parrains. La principale conséquence qui en résulte est que ce nombre évoluera désormais en fonction du nombre d'inscrits sur le fichier général des électeurs. Ensuite, il fait passer la répartition géographique de 6 à 7 régions à raison de deux mille (2000) au moins par région au lieu de 500. Puis, il a inscrit dans le Code électoral le principe de l'unicité du parrainage, un électeur ne pouvant parrainer qu'un seul candidat. Enfin, il a mis fin au « privilège » réservé aux partis politiques et aux coalitions de partis politiques dans la mesure où « toute candidature » présentée est désormais assujettie au parrainage.

En 2023, l'article 29 a été abrogé et remplacé par l'article unique de la loi constitutionnelle n° 2023-13 du 2 aout 2023 portant révision de la Constitution qui dispose : *« Pour être recevable, toute candidature doit être accompagnée :*

-Soit de la signature d'électeurs représentant, au minimum, 0,6 % et, au maximum, 0,8 % du fichier électoral général et étant domiciliés dans au moins sept (7) régions à raison de deux mille (2000) au moins par région ;

-Soit de la signature d'élus représentants 8% des membres de l'Assemblée nationale ou 20% des chefs d'exécutif territorial ».

Par ce texte, le constituant a revu à la baisse le nombre de parrains requis et réintroduit un parrainage par les élus (députés, présidents de conseil départemental et maires).

de Contrôle des Parrainages et fixant leurs attributions, droits et obligations.

Par décision N° 1/E/2023 du 24 novembre 2023, le Conseil constitutionnel a fixé les modalités de réception des dossiers de déclaration de candidature et les règles de fonctionnement de la Commission de Contrôle des Parrainages, en vue de l'élection présidentielle du 25 février 2024.

Le dépôt des candidatures s'est effectué au greffe du Conseil constitutionnel soixante jours (60) francs au moins et soixante-quinze (75) jours francs au plus avant le premier tour du scrutin. Ce délai a été fixé par le Conseil constitutionnel entre le 11 décembre à huit (8) heures et le 26 décembre 2023 à minuit[37]. À l'expiration du délai, trente candidats étaient encore dans l'enceinte du Conseil, ce qui a conduit le greffe à continuer à recevoir les dossiers jusqu'au 28 décembre 2023 à 17 heures[38].

Suite au dépôt des candidatures, le Conseil Constitutionnel a instruit les dossiers en vérifiant si toutes les conditions de recevabilité étaient remplies.

Il faut relever que la nouvelle rédaction de l'article 29 de la Constitution et les modifications apportées au Code électoral, suite au dialogue des acteurs politiques, ont réduit le pourcentage de parrains requis, rendu optionnel le mode de parrainage avec l'introduction du parrainage par les élus et prévu la mise en place d'une Commission de Contrôle des Parrainages en lieu et place d'un « dispositif de contrôle des parrainages ».

La mise en œuvre des nouvelles dispositions de la Constitution et du Code électoral a cependant fait apparaître que les articles L. 120 et L. 123 du Code électoral laissaient subsister certains aspects pratiques liés au contrôle du parrainage, notamment les modalités de suppression du surplus, lorsque le nombre de parrainages déposés est supérieur au

---

37 Article 1er de la décision N° 1/E/2023 du 24 novembre 2023 du Conseil constitutionnel.

38 Communiqué du Conseil constitutionnel du 27 décembre 2023.

maximum requis par la loi, le dispositif informatique de contrôle, les compétences des membres de la Commission de Contrôle des Parrainages.

C'est pourquoi, pour pallier ces insuffisances, le Conseil constitutionnel, en application des articles 29 de la Constitution, L. 57 et L. 123 du Code électoral, a pris la décision n°1 /E/2023 du 24 novembre 2023 fixant les modalités de réception des dossiers de déclaration de candidature et les règles de fonctionnement de la Commission de Contrôle des Parrainages, en vue de l'élection présidentielle.

Celle-ci définit les règles devant s'appliquer pour la réception des dossiers de candidature, détermine les conditions et les modalités du contrôle des dossiers de parrainages. Elle indique aussi les règles juridiques qui doivent présider le paramétrage du système informatique pour un contrôle automatisé efficace des dossiers de parrainage.

Cette décision du Conseil constitutionnel est complétée par une autre portant désignation des membres de la Commission de Contrôle des Parrainages et fixant leurs attributions, droits et obligations.

Après avoir fixé les modalités de réception des dossiers de déclaration de candidature et les règles de fonctionnement de la Commission de Contrôle des Parrainages, le Conseil constitutionnel a adopté la décision N° 2/E/2023 du 12 décembre 2023. Celle-ci avait pour objet la désignation des membres de la Commission de Contrôle des Parrainages et la fixation de leurs attributions, droits et obligations.

La Commission de Contrôle des Parrainages, outre les membres du Conseil constitutionnel, les greffiers et le personnel administratif et technique du Conseil, comprend des personnalités indépendantes extérieures au Conseil. Parmi ces personnalités, il y avait un représentant de la CENA, un représentant de l'Administration et des membres de la société civile.

Cette décision fixe les droits et obligations des membres de la Commission de Contrôle des Parrainages et indique qu'une fois son objet rempli, ladite commission est dissoute.

Ainsi, le Conseil constitutionnel distingue nettement la phase de contrôle des parrainages de celle de l'examen juridique de la recevabilité des candidatures.

II- Le Contentieux des candidatures

Lors de l'élection présidentielle du 24 mars 2024, le contentieux des candidatures s'est manifesté principalement par les réclamations introduites contre la liste provisoire des candidats (A) et des recours ayant pour objet respectivement l'annulation et l'inconstitutionnalité du décret abrogeant celui qui fixait la date du scrutin et de la loi portant dérogation à l'article 31 de la Constitution et prorogeant la date du scrutin **(B).**

A- Les réclamations contre la liste provisoire des candidats

Sur le fondement de l'article 30 de la Constitution, le Conseil constitutionnel a, par décision n° 1/E/2024 du 12 janvier 2024, arrêté et publié la liste des candidats à l'élection présidentielle. La publication de la décision a ouvert pour les candidats, dans les 48 heures qui ont suivi le jour de l'affichage par le greffe, un droit de réclamation contre la liste. Le Conseil constitutionnel a examiné les réclamations sans délai, a arrêté et publié la liste définitive des candidats.

Les réclamations déposées suite à la publication de la décision n° 1/E/2024 du 12 janvier 2024 arrêtant la liste provisoire des candidats ont donné l'occasion au Conseil constitutionnel de se prononcer sur la possession exclusive de la nationalité sénégalaise affirmée par les candidats sur la foi de leur déclaration sur l'honneur[39], les conséquences de la peine accessoire sur la qualité d'électeur et par conséquent sur la candidature[40], la question des parrains non identifiés au fichier général des électeurs[41], entre autres.

---

[39] Cons. const. Décision N° 2/E/2024 du 20 janvier 2024.

[40] Ibid.

[41] Ibid.

La publication de la liste définitive des candidats à l'élection présidentielle, par décision n° 2/E/2024 du 20 janvier 2024[42], a suscité une réaction des pouvoirs publics, ce qui a permis au Conseil constitutionnel de mettre fin à la fausse idée selon laquelle les lois constitutionnelles ne peuvent être contrôlées et de rappeler qu'il dispose d'une compétence en matière administrative lorsqu'il s'agit d'exercer sa fonction de régulation des élections nationales.

B- La fin d'une fausse idée et la révélation de l'oubli

L'allégorie célèbre de Pierre-Paul Royer-Collard, philosophe français et homme politique, selon laquelle « les Constitutions ne sont pas des tentes dressées pour le sommeil », indique que les lois de révision de la Constitution procèdent d'une nécessité liée à l'évolution de la société dans le but de s'adapter aux circonstances changeantes, de renforcer les institutions, ou de résoudre des crises politiques. Par la décision n° 1//C/2024 du 15 février 2024, l'affirmation de François Mitterrand à la veille de la première cohabitation en 1988 de la Vème République « Rien que la Constitution, toute la Constitution », se rapproche de la posture que le Conseil constitutionnel a imposée au pouvoir constituant dérivé pour donner du sens aux dispositions constitutionnelles, comme le poète qui donne « un sens plus pur aux mots de la tribu » dans la poésie de Stéphane Mallarmé[43]. Bien avant cette décision, qualifiée à tort ou à raison d' « insurrection juridictionnelle »[44], le Conseil constitutionnel a décidé que *« le pouvoir constituant est souverain ; qu'il lui est loisible d'abroger, de modifier ou de compléter les dispositions de valeurs constitutionnelles dans la forme qu'il estime appropriée »* [45] . Le Conseil constitutionnel

[42] Sur l'évolution de la liste définitive des candidats, voir Cons. const., Décision n° 4/E/2024 du 20 février 2024, retrait de la candidature de Rose WARDINI.

[43] 6ème vers du poème « Le tombeau d'Edgar Poe ».

[44] A. SOMA, « Une insurrection juridictionnelle au Sénégal », Revue d'étude et de recherche sur le droit et l'Administration dans les pays d'Afrique », *Afrilex* Février 2024.

[45] Cons. const., Séance du 18 juillet 2009, Affaire N° 2/C/2009, *JORS*, N° 6475 (spécial), Vendredi 19 juin 2009, pp. 652-653.

entrevoyait déjà, par ce considérant, le contrôle des lois de révision de la Constitution, qui sont l'œuvre du pouvoir constituant dérivé qui est institué, conditionné et limité, chargé d'apporter des retouches à la Constitution afin de l'adapter aux besoins de changement exprimés par le régime politique[46].

Contre toute attente, la décision précitée a alimenté une vive polémique, même parmi les esprits les plus avertis en la matière qui feignaient royalement d'ignorer la jurisprudence antérieure du Conseil constitutionnel[47]. Pourtant, l'on pouvait comprendre, au moins, et c'est ce qu'on attendait d'un « juriste sérieux » et qui se dit « spécialiste », que la vérité judiciaire ne doit pas être « à la remorque du débat politique ». C'était une question de « minimum d'honnêteté intellectuelle ». Dans un passé récent, déjà, un auteur mettait en garde les commentateurs des décisions du Conseil en ces termes : « Lorsque l'on se mêle de parler de la question en termes « scientifiques », il faut évidemment éviter de tomber dans le piège des raisonnements sommaires et des alternatives simplistes »[48]. Certaines prises de position de thuriféraires et autres flagorneurs sectaires, allergiques à toute pensée différente de la leur, insensibles à l'esprit de la démocratie, ont désagréablement ramené le débat au « ras des pâquerettes » allant jusqu'à accuser les membres du Conseil constitutionnel de corruption et, pour « noyer le poisson », proposer la suppression de l'Institution ».

---

[46]E. H. MBODJ, « De la recevabilité de la candidature de Me WADE pour un troisième mandat : Faux débat politique ou vrai casse-tête constitutionnel ?», consulté le 03 juillet 2024 sur : http://www.elhadjmbodj.net/index.php?option=com_content&view=article&id=86:contribution-&catid=1:news.

[47]Sur l'état de la jurisprudence antérieure à cette décision du Conseil constitutionnel, voir M. DIAKHATE, « Le contrôle des lois de révision constitutionnelle (l'état de la jurisprudence du Conseil constitutionnel du Sénégal), CERACLE, mars 2024.

[48] A. SALL, « Interprétation normative et norme interprétative : à propos des décisions du Conseil constitutionnel ».

Fort heureusement, des citoyens indignés de tous horizons[49], des démocrates sincères et exigeants[50], ont répondu à ces pourfendeurs de la justice qui, au prix de mille et une contorsions et de coups de force théoriques prétendument « constitutionnels », prenaient un malin plaisir à dénigrer la magistrature dans son ensemble.

Il faut donc, au-delà de toute polémique politicienne, recentrer le débat pour ramener la décision n° 1/C/2024 du 15 février 2024 à sa seule dimension scientifique au regard des règles et principes fondamentaux du droit constitutionnel qui, il faut le rappeler, a pour objet d'encadrer les phénomènes politiques se produisant au sein de la sphère étatique[51].

La complexité de la justice constitutionnelle est liée à la relativité qui caractérise la Constitution, car il n'est pas rare que dans le même texte, on trouve à côté d'une disposition, une autre qui tend à la relativiser. Ceci a certainement poussé, « dans le monde des fausses idées », à faire croire qu'au Sénégal, les lois de révision de la Constitution, œuvres du pouvoir constituant dérivé, bénéficient d'une immunité juridictionnelle[52] absolue **(1)** et à faire oublier qu'en matière électorale, le Conseil constitutionnel, usant des pouvoirs qu'il tient de la Constitution et du Code électoral, peut connaître de la légalité d'un acte administratif **(2).**

---

[49] Voir B. VATIER et J.P. JEAN, « Un rayon de soleil qui perce à travers un ciel noir et tourmenté », *La Lettre de la CIB*, mars 2024 ; D. DARLAN, « L'ESPOIR », *Sud Quotidien*, n° 9223 du jeudi 28 mars 2024.
[50] M. KAMARA, « Contribution au débat sur la manipulation du processus de l'élection présidentielle », *CERACLE*, mars 2024.
[51] Voir E. H. MBODJ, « De la recevabilité de la candidature de Me WADE pour un troisième mandat : Faux débat politique ou vrai casse-tête constitutionnel ?», précité.
[52] C. TUEKAM TAKTCHUM, « L'évolution du contentieux des normes devant le Conseil constitutionnel sénégalais : réflexion à partir de la décision n° 1/C/2024 », *Revue RRC*, N° 042/Février 2024, pp. 11-32.

1- La fin d'une fausse idée relative à l'injusticiabilité absolue des lois de révision de la Constitution

À propos des lois constitutionnelles, le Conseil constitutionnel a toujours affirmé sa compétence à contrôler les règles d'adoption, les limitations temporelles au cours desquelles aucune révision de la Constitution ne peut être initiée et le respect des dispositions intangibles, non susceptibles de révision. La relativité de la souveraineté du pouvoir constituant dérivé, qui résulte des dispositions de la Constitution elle-même, est consacrée par le Conseil constitutionnel. En effet, selon le Conseil constitutionnel, même si *« le pouvoir constituant est souverain »* et *« qu'il lui est loisible d'abroger, de modifier ou de compléter les dispositions de valeur constitutionnelle »,* il doit le faire *« dans la forme qu'il estime appropriée »* [53]. Sous peine de censure par le Conseil constitutionnel, le constituant dérivé doit respecter les règles et normes fixées par le pouvoir constituant originaire en matière de révision de la Constitution.

a- Le contrôle des règles d'adoption de la loi

La loi de révision constitutionnelle est « *celle qui, adoptée selon la procédure constitutionnelle, vise à introduire dans la constitution des dispositions nouvelles* » [54]. Elle s'incruste dans le corps de la Constitution une fois promulguée, et en conséquence, modifie l'ordonnancement constitutionnel. Dès lors il appartient au Conseil constitutionnel, de vérifier le respect des procédures et des règles de formes qui s'appliquent à leur procédure d'adoption. Faisant usage de cette attribution de compétence en application des articles 74 et 92 de la Constitution, le Conseil a eu à décider que *« (...) dans le cas de révision de la Constitution par la seule Assemblée nationale, le vote à la majorité qualifiée des trois cinquièmes réalise à la fois l'adoption et l'approbation de la loi »* [55]. Dès lors, le commentateur qui se dit

---

[53] Cons. const., Séance du 18 juillet 2009, Affaire N° 2/C/2009, *JORS,* N° 6475 (spécial), Vendredi 19 juin 2009, pp. 652-653.

[54] Décision N° 3/C/2005 du 18 janvier 2006.

[55] Décision N° 3/C/2005 du 18 janvier 2006, Recueil, p. 348.

« spécialiste » ne peut, sous peine de voir sa scientificité remise en question, ignorer que l'incompétence du Conseil constitutionnel en matière de contrôle de constitutionnalité des lois de révision de la constitution n'est pas absolue. Elle connait des limites. En effet, relativement aux règles d'adoption de ces lois, le Conseil constitutionnel a toujours affirmé sa compétence, sur le fondement de l'article 74 de la Constitution.

Si la loi portant dérogation aux dispositions de l'article 31 de la Constitution, objet de la décision n°1/C/2024 du 15 février 2024, qui était déférée au Conseil constitutionnel a été formellement adoptée selon la procédure de révision constitutionnelle, ce qui était discutable,[56] il n'en demeure pas moins qu'elle restait complètement isolée du corpus constitutionnel qu'elle était censée intégrer, dans la mesure où, il était prévu dans le texte que « par dérogation à l'alinéa premier de l'article 31 de la Constitution… ». Ce texte à caractère temporaire, par ses effets, mettait « en quarantaine » les dispositions de l'article 27 de la Constitution qui régissent la durée du mandat du Président de la République et devait disparaître de l'ordre constitutionnel, une fois son objet atteint. Or, selon la jurisprudence du Conseil, *« les dispositions par essence temporaires »* sont incompatibles avec le caractère permanent de l'article 27 de la Constitution que le pouvoir constituant a rendu intangible en le rangeant dans les dispositions insusceptibles de révision prévues à l'alinéa 7 de

[56] En réalité, la nature constitutionnelle de la loi n° 04/2024, adoptée par l'Assemblée nationale le 5 février 2024 était discutable sur le fond et du point de vue de la procédure adoptée. En effet, bien que la loi soit intitulée « loi dérogatoire à l'article 31 de la Constitution », la catégorie de « lois dérogatoires » n'existe pas en droit constitutionnel sénégalais. Il n'existe pas non plus de procédure permettant de déroger à la Constitution, distincte du processus de révision constitutionnelle. La dérogation pourrait être une conséquence d'une révision constitutionnelle, en fonction de son contenu, et non une alternative à celle-ci, et elle devrait être adoptée par une « loi de révision constitutionnelle », suivant la procédure prévue par l'article 51 ou par l'article 103 de la Constitution », voir E. BOTTINI et A. CORRE-BASSET, « Chronique de droit constitutionnel comparé (janvier 2024 à juin 2024), *Cahiers du Conseil constitutionnel,* N° 13, novembre 2024.

l'article 103 de la Constitution qui ne peut faire l'objet d'une révision (double clause d'éternité)[57].

b. La protection des clauses d'éternité

Depuis la réforme constitutionnelle de 2016, la durée du mandat du Président de la République est rangée par le constituant parmi les dispositions constitutionnelles intangibles et insusceptibles de révision prévues à l'article 103 de la Constitution. L'article 103 de la Constitution dispose en effet : « La forme républicaine de l'État, le mode d'élection, la durée et le nombre de mandats consécutifs du Président de la République ne peuvent faire l'objet de révision.

L'alinéa 7 du présent article ne peut être l'objet d'une révision ».

Le Conseil constitutionnel avait déjà décidé que rien ne s'opposait à ce que le constituant dérivé *« introduise dans le texte de la Constitution des dispositions nouvelles qui dérogent implicitement ou expressément à une règle ou à un principe de valeur constitutionnelle sous réserve, d'une part des limitations touchant aux périodes au cours desquelles une révision de la Constitution ne peut être engagée ou poursuivie qui résultent des articles 40 et 52 de la Constitution et, d'autre part, des prescriptions du sixième alinéa de l'article 103 susvisé en vertu desquelles « la forme républicaine » de l'État ne peut faire l'objet d'une révision »*[58].

La fixité et le caractère intangible de la durée du mandat du Président de la République ont été rappelés par le Conseil constitutionnel en 2016[59].

Si le mandat du Président de la République ne peut être prorogé en raison des dispositions intangibles de l'article 103 susmentionnées, la loi prorogeant la date de l'élection présidentielle ne peut, sans violer ce texte, reporter le scrutin à une date qui se situe au-delà du délai prévu

---

57 Voir Décision n° 1/C/2016 du 12 février 2016.

58 Cons. const., Séance du 18 juillet 2009, Affaire N° 2/C/2009, *JORS*, N° 6475(spécial), Vendredi 19 juin 2009, pp. 652-653.

59 Voir Décision n° 1/C/2016 du 12 février 2016.

par l'article 31 de la Constitution et qui, *de facto,* entraine une prorogation dudit mandat.

La loi qui était soumise au contrôle du Conseil constitutionnel, en prorogeant la date du scrutin de façon à ce que le Président de la République en exercice reste en fonction au-delà de la durée du mandat prévue à l'article 27 de la Constitution, violait l'article 103 de la Constitution en ce que cet article n'admet pas de loi de révision de la Constitution ayant des incidences sur la durée du mandat.

En outre cette loi était contraire à la jurisprudence du Conseil constitutionnel qui bannit les lois de révision de la Constitution par essence temporaire ayant des incidences sur la durée du mandat du Président de la République.

2- La révélation de l'oubli : la compétence du Conseil constitutionnel en matière administrative

Dans la Constitution et le Code électoral, il existe des dispositions qui habilitent le Conseil constitutionnel à connaître, en matière électorale, de la légalité d'un acte administratif. En vue de garantir la sincérité et la transparence des scrutins, le Conseil constitutionnel « juge de la régularité des élections nationales » en vertu de l'article 92 de la Constitution doit veiller à ce que des actes frauduleux ne vicient pas le processus électoral. Sans empiéter sur la compétence de la Cour suprême, le Conseil exerce en la matière une compétence encadrée qui lui permet d'assurer le respect de la légalité.

a. Une compétence encadrée

Dans la décision n° 1/C/ 2024 du 15 février 2024, le Conseil constitutionnel a rappelé que, s'il est vrai que la Cour suprême est juge de la légalité des actes administratifs, le Conseil, en vertu du pouvoir de régulation qu'il tient des dispositions de l'article 92 de la Constitution (qui, en outre, lui confèrent une plénitude de juridiction en matière électorale), peut connaître de la légalité du décret attaqué qui participe directement au scrutin et qui est propre à ce scrutin[60].

En commençant sa motivation par ce rappel, le Conseil indique qu'il existe des dérogations à la compétence de droit commun de la Cour suprême en matière administrative qui résulte des attributions qui lui sont dévolues par la Constitution.

Dans le cadre du contentieux des élections législatives, une dérogation de compétence au profit du Conseil constitutionnel pour connaître de la légalité d'un acte administratif est prévue par l'article LO. 184 du Code électoral. En effet, les actes du ministre chargé des élections pris en application des articles L. 179, LO. 180 et LO. 183 peuvent être contestés devant le Conseil constitutionnel par les mandataires des listes de candidats dans les vingt-quatre (24) heures suivant la notification ou la publication de la décision du ministre. C'est en application de ces textes que le Conseil constitutionnel a retenu sa compétence pour contrôler la légalité de l'arrêté du ministre chargé des élections arrêtant des listes de candidats aux élections législatives du 31 juillet 2022[61].

En droit comparé, s'agissant de l'élection présidentielle, en France, sur le fondement des articles 58 et 59 de la Constitution du 04 octobre 1958, modifiée, le Conseil constitutionnel a considéré que sa mission de juge électoral devait le conduire à apprécier la validité des décrets, en particulier les décrets portant convocation du corps électoral dont l'irrégularité pourrait conduire à remettre en cause la régularité du processus électoral dans son ensemble[62].

Cette position du Constitutionnel français était justifiée par le refus du Conseil d'État de contrôler la légalité des décrets portant

[60] Considérant 7 de la décision n° 1/C/2024 du 15 janvier 2024.

[61]Cons. const., Décision n° 8/E/2022 du 21 mai 2022.

[62]Cons. const F, décision du 11 juin 1981, Delmas ; décision du 11 juin 2000 Mayet ; décision 19 avril 2007, Jean Claude GALLAND ; voir F. MELIN-SOUCRAMANIEN, « Le Conseil constitutionnel juge électoral, *Pouvoirs,* n° 105, 2003, p. 120.

convocation du corps électoral qu'il considérait comme des actes préparatoires insusceptibles de recours pour excès de pouvoir[63].

Pour éviter un déni de justice, le Conseil constitutionnel français retient sa compétence pour de tels actes en fixant des conditions[64] : il faut qu'il s'agisse d'un scrutin national ; la disposition contestée doit participer directement à la régularité du scrutin ; ladite disposition doit être non permanente et donc propre à un scrutin déterminé.

Au Sénégal, c'est la Cour suprême qui est juge de l'excès de pouvoir des autorités administratives[65]. Si comme le Conseil d'Etat en France, la Cour Suprême décline sa compétence pour connaitre de ces actes[66], le Conseil constitutionnel a les moyens de retenir la sienne. En effet, l'article 92 de la Constitution du 22 janvier 2001, modifiée, dispose que « le Conseil constitutionnel est juge de la régularité des élections nationales ». En vertu de ce texte, le Conseil constitutionnel a estimé disposer d'une plénitude de juridiction en matière électorale, ce qui lui permet, s'agissant de l'élection présidentielle, de connaître de la légalité du décret portant abrogation du décret de convocation du corps

---

[63] CE, Sect., 14 juin 2001 Marini, Req. 237208.

[64] VOIR F. MELIN-SOUCRAMANIEN, « Le Conseil constitutionnel juge électoral », précité, p. 120.

[65]Loi organique 2017-09 du 17 janvier 2017 abrogeant et remplaçant la Loi organique 2008-35 du 8 aout 2008 sur la Cour Suprême, modifiée par la loi organique 2022-16 du 23 mai 2022.

[66] Dans un arrêt rendu le 15 mars 2024, la Cour suprême, saisi en référé, a déclaré irrecevables les requêtes qui avaient été présentées en suspension du calendrier fixé par décret présidentiel en exécution de l'avis donné le 5 mars 2024 en considérant que « la légalité des décrets organisant l'élection constitue une manifestation de la fonction gouvernementale dans son expression purement politique échappant au contrôle du juge de l'excès de pouvoir ».
Dans l'affaire Ousmane SONKO, le requérant demandait l'annulation, d'une part, du décret portant fixation de la date du référendum et convocation du corps électoral et, d'autre part, le décret portant organisation dudit référendum, et enfin du décret portant publication du projet de loi portant révision de la Constitution. Selon la Cour suprême, tous ces décrets constituent des actes de gouvernement insusceptibles de recours pour excès de pouvoir. Voir A. NDIAYE, « Panorama de la jurisprudence de la chambre administrative », Cour suprême, *Bulletin d'information*, N° 09-10, février 2017, p. 93. ; C. M. NDIAYE, *La protection juridictionnelle de l'ordre constitutionnel au Sénégal,* Thèse de doctorat, UCAD, 2016, pp. 243-244.

électoral. En effet, il a une habilitation constitutionnelle pour exercer cette plénitude de juridiction[67].

À cela s'ajoutaient les critères jurisprudentiels fixés par le Conseil constitutionnel français à savoir un scrutin national, une disposition contestée participant directement à la régularité du scrutin et le caractère non permanent et donc propre à un scrutin déterminé du décret attaqué. Ces conditions sont bien rappelées par le Conseil constitutionnel dans la décision n° 1/C/2024 du 15 février 2024.

Si l'irrecevabilité était opposée aux requêtes tendant à l'annulation du décret, elle risquerait de compromettre gravement l'efficacité du contrôle de l'élection, vicierait le déroulement général des opérations électorales ou porterait atteinte au fonctionnement normal des pouvoirs publics[68].

C'est pourquoi, en vertu de la mission de contrôle de la régularité de l'élection présidentielle qui lui est conférée par l'article 92 de la Constitution, le Conseil constitutionnel a retenu sa compétence.

b. La sanction du défaut de base légale

Il est de jurisprudence constante qu'une loi ou un traité international, qui n'est pas encore entré en vigueur, ne peut avoir d'effets juridiques et ne peut donc servir de base légale à un acte administratif[69]. Une décision administrative doit, en effet, reposer sur une base juridique correcte[70].

Dans le rapport de présentation du décret n° 2024-106 du 03 février 2024 portant abrogation du décret convoquant le corps électoral pour l'élection présidentielle du 25 février 2024, il est indiqué qu'« ayant

---

[67] Article 92 de la Constitution, modifiée, du 22 janvier 2001.

[68] Dans le même sens, voir Conseil constitutionnel français, Décision n° 2024-32/33/34/35/36/37/38/39/40/41 ELEC du 20 juin 2024, M. O. TAOUMI et autres.

[69]Voir CS, 29 janvier 1975 Séga Seck Fall, *Penant,* 1976, N° 754, p. 415, note C. LAPEYRE.

[70] CS, 28 avril 1971, affaire Issaga Keïta ; voir A. DIEYE, « L'excès de pouvoir et le juge au Sénégal et en France », *In Revue africaine de Science politique et social,* n° 40, janvier 2023. 370-396 ; F. GAZIER, « Essai de présentation nouvelle des ouvertures du recours pour excès de pouvoir en 1950 », *EDCE*, 1951, p. 77.

pris connaissance de la proposition de loi constitutionnelle portant dérogation à l'article 31 de la Constitution (…) il est proposé d'abroger le décret n° 2023-2283 du 29 novembre 2023 portant convocation du corps électoral pour l'élection présidentielle du 25 février 2024 ».

Il faut relever que le décret querellé est daté du 03 février 2024, alors que la loi constitutionnelle a été adoptée par l'Assemblée nationale le 5 février 2024, soit deux jours après la signature dudit décret.

Le Conseil constitutionnelle a sanctionné, dans la décision n° 1/C/2024 du 15 février 2024, l'erreur de droit commise par l'autorité administrative qui entache le décret d'un défaut de base légale. Le décret était fondé sur une loi inexistante, parce que n'étant pas entrée en vigueur[71]. Il manquait ainsi de base légale, ce qui a entrainé son annulation par le Conseil constitutionnel.

---

[71]Sur les conditions d'entrée en vigueur des lois, voir l'article 10 de la loi n° 2021-21 du 2 mars 2021 fixant les règles d'applicabilité des lois, des actes administratifs à caractère réglementaire et des actes administratifs à caractère individuel.

Chapitre II :

Les suites judiciaires du contentieux des candidatures

Par décision n° 1/C/2024 du 15 février 2024, le Conseil constitutionnel a jugé que la date de l'élection du Président de la République ne peut être reportée au-delà de la durée du mandat qui arrive à terme le 2 avril 2024 et a invité les autorités compétentes à fixer la date dans « les meilleurs délais ». Comme appliquant un droit de suite judiciaire, le Conseil constitutionnel, saisi par le Président de la République pour avis sur les propositions faites lors du dialogue national et, par les requérants qui étaient des candidats à l'élection présidentielle pour préciser le sens de la décision N° 1/C/2024 du 15 février 2024, affirme le maintien de la liste des candidats et définit des règles de suppléance **(I)** mais aussi exige le respect du calendrier électoral en fixant la date de l'élection après avoir constaté les carences de l'autorité administrative **(II),** ce qui a permis un « atterrissage en douceur du processus électoral ».

I- Le maintien de la liste des candidats et la définition des règles de suppléance

Le Conseil constitutionnel du Sénégal, dans le cadre de l'exercice de ses attributions, notamment, sa fonction de régulation des élections nationales, veille sur le maintien de la stabilité politique. Dans le cadre de l'élection présidentielle du 24 mars 2024, le Président de la République avait saisi le Conseil constitutionnel pour avis sur les conclusions du « dialogue national ». Par la décision n° 60/E/2024 du 5 mars 2024, le Conseil a déclaré non conformes à la Constitution les propositions faites lors du dialogue tendant au « maintien des 19 candidats déjà validés avec la réserve d'un nouvel examen des candidatures pour régler la question des éventuels cas de double nationalité et les corrections nécessaires pour les parrainages des candidats qui se considèrent lésés », au report de l'élection au 2 juin 2024 et à la prorogation du mandat du Président de la République.

A- Le maintien de la liste des candidats

Saisi par le Président de la République, en application des dispositions de l'article 92 de la Constitution, le Conseil constitutionnel devait se prononcer sur « le maintien des 19 candidats déjà validés avec la réserve d'un nouvel examen des candidatures pour régler la question des éventuels cas de double nationalité et les corrections nécessaires pour les parrainages des candidats qui se considèrent lésés ». Dans sa réponse, le Conseil commence par préciser que par décisions n° 1/E/2024 du 12 janvier 2024 et n° 4/E/2024 du 20 février 2024, le Conseil constitutionnel, après avoir examiné la recevabilité des candidatures conformément à la législation électorale, a arrêté et publié la liste des candidats à l'élection présidentielle. Il affirmait de façon impérative que d'une part, ni la Constitution, ni le Code électoral, ne prévoient d'autres formes de détermination de la liste des candidats et que d'autre part, en vertu de l'article 92 de la Constitution, les décisions du Conseil constitutionnel ne sont susceptibles d'aucune voie de recours et s'imposent aux pouvoirs publics et à toutes les autorités administratives et juridictionnelles ». Il précisait que l'existence d'un « consensus » issu d'un dialogue postérieur à la décision arrêtant la liste définitive des candidats, ne fait pas partie des causes de modification de cette liste, limitativement énumérées par les articles 29, alinéa 2, et 34, alinéa premier de la Constitution, pour considérer « qu'en conséquence, l'intégration à la liste des candidats, de candidatures déjà jugées irrecevables, par modification de ladite liste pour des motifs autres que ceux prévus, est contraire à la Constitution ».

Le Conseil constitutionnel rend inopérant le compromis des acteurs politiques issu du dialogue national, même s'il est « consensuel » et affirme ainsi l'autorité de ses décisions qui s'imposent aux pouvoirs publics[72] ici, la décision arrêtant la liste des candidats admis à se présenter à l'élection présidentielle, qui ne peut subir des modifications que dans les cas limitativement énumérés par les articles 29, alinéa 2, et 34, alinéa premier de la Constitution[73].

B- La définition des règles de suppléance

Sur la demande portant « sur l'accord consistant à appliquer l'alinéa 2 de l'article 36 de la constitution pour assurer la continuité de l'état et la permanence institutionnelle », le Conseil rappelle que l'article 36 de la Constitution régit la situation où le mandat du Président en exercice arrive à son terme après l'élection de son successeur. En revanche, l'arrivée à terme du mandat du Président en exercice sans que son successeur soit élu, en raison du non-respect du calendrier électoral, n'est pas prévue par la Constitution et ne peut être régie par ce texte.

Le constituant, dans une démarche systémique, a organisé le processus électoral en fonction des différentes séquences temporelles. Ainsi, lorsque la liste des candidats est arrêtée et publiée par le Conseil constitutionnel, le constituant, à travers l'article 34 de la Constitution, prévoit les différents incidents susceptibles de perturber le processus électoral, tout en veillant à ce que celui-ci se poursuive jusqu'à son terme, de sorte qu'à la fin du mandat du Président en exercice, il y ait un Président élu ou réélu.

L'article 36 de la Constitution quant à lui, régit la situation où le mandat du Président en exercice arrive à son terme après l'élection de son successeur. Dans l'ordre constitutionnel du Sénégal[74], l'hypothèse de l'arrivée à terme du mandat du Président en exercice sans que son successeur ne soit élu n'est pas en principe une situation envisageable.

---

[72] Article 92 de la Constitution.

[73] Cons. const., Décision n° 4/E/2024 du 20 février 2024, retrait de la candidature de Rose WARDINI.

[74] Sur la protection de l'ordre constitutionnel par le juge au Sénégal, voir C. M. NDIAYE, *La protection juridictionnelle de l'ordre constitutionnel au Sénégal,* Dakar, L'Harmattan, 2024, 562 pages.

Cependant, si une telle situation se présente, il appartient au Conseil constitutionnel, d'une part, sur le fondement de l'esprit général de Constitution et d'autre part, sur les principes dégagés par sa propre jurisprudence d'y apporter une solution.

Il s'agissait tout d'abord de procéder à la qualification de cette situation : s'agit-il d'un cas de suppléance ou d'intérim ?

Il est utile de rappeler qu'en droit constitutionnel sénégalais, seule la *« suppléance »* est prévue par le Constituant. Elle est une situation de remplacement définitif qui a vocation à s'appliquer si une des trois conditions prévues à cet effet venait à se réaliser (démission, empêchement définitif ou décès du Président de la République). Elle est exercée de droit par le Président de l'Assemblée nationale[75].

La suppléance doit être distinguée de l'intérim qui est une situation de remplacement temporaire non prévue par le Constituant. Dans la pratique, il est rare que l'intérim se produise puisque le Président de la République exerce ses pouvoirs même en étant en dehors du territoire national[76].

L'expiration du mandat du Président de la République alors que le processus électoral n'est pas arrivé à son terme, ne correspond à aucun des cas de vacance de la fonction présidentielle prévus par la Constitution pouvant entrainer une suppléance.

Dans la recherche de la solution, le Conseil constitutionnel ne peut pas ignorer sa propre jurisprudence. En effet, se référant à la décision N° 1/C/2024 du 15 février, la juridiction constitutionnelle rappelle à l'auteur de la demande d'avis qu'elle « a déjà jugé qu'en application des dispositions de l'article 103 de la Constitution, la durée du mandat du Président de la République ne peut être réduite ou allongée au gré des circonstances politiques, quel que soit l'objectif poursuivi ». La juridiction relève que le maintien du Président en exercice au-delà de la

[75] Article 39 de la Constitution.

[76] Voir CS, 29 janvier 1975, Sega Seck Fall, à propos d'un décret signé par le Chef de l'Etat lors d'un séjour à l'étranger.

date du 2 avril 2024 a pour effet de proroger le mandat qui est intangible au sens de l'article 103, alinéas 7 et 8 de la Constitution.

Dans le soucis de prévenir l'instabilité institutionnelle qui résulterait d'une interruption volontaire du processus électoral déjà engagé pouvant entrainer le maintien de fait du Président de la République en fonction, le Conseil estime que « le maintien du Président dont le mandat est arrivé à terme, alors qu'aucun évènement assimilable à la force majeure n'empêchait la poursuite normale du processus électoral et l'élection d'un nouveau Président de la République dans le délai prévu par la Constitution, constitue un précédent de nature à compromettre la stabilité des institutions, notamment celle de la fonction présidentielle ». En définitive, le Conseil constitutionnel considère qu'il « est d'avis que l'article 36, alinéa 2 de la Constitution n'est pas applicable si l'élection n'a pas eu lieu avant la fin du mandat en cours ».

Dans la décision N° 45/E/2024 du 6 mars 2024, pour « définir les règles de suppléance du Président en exercice si les résultats de l'élection présidentielle ne sont pas proclamés avant le 2 avril 2024 », le Conseil constitutionnel commence par relever un vide constitutionnel en considérant que « l'arrivée à terme du mandat du Président de la République sans que son successeur soit élu, en raison du non-respect du calendrier électoral, n'est pas prévue par la Constitution ».

Toutefois, pour éviter un déni de justice, le Conseil constitutionnel, indique que statuant en matière électorale, il rappelait déjà, dans sa décision n° 5/E/93 du 2 mars 1993 que « (…) ni le silence de la loi ni l'insuffisance de ses dispositions, n'autorisent le Conseil constitutionnel (…) à s'abstenir de régler le différend porté devant lui ; qu'il doit se prononcer par une décision en recourant, au besoin, aux principes généraux du droit, à la pratique, à l'équité et à toute autre règle compatible avec la sauvegarde de l'État de droit et avec l'intérêt commun »[77].

---

[77] Voir considérant 17 de cette décision référenciée in Recueil des décisions du Conseil constitutionnel janvier 1993-mars 2019, Conseil constitutionnel, 2020, p. 26.

Il en conclut qu'eu égard aux circonstances particulières, si le scrutin du premier tour a lieu avant la fin du mandat, le Président en exercice reste en fonction jusqu'à l'installation de son successeur et que dans le cas contraire et par analogie aux différentes situations ayant pour effet la vacance de la fonction présidentielle, notamment la démission ou l'empêchement définitif, il convient de dire que le Président de l'Assemblée nationale poursuit le processus électoral déjà engagé[78].

II- L'exigence de respecter le calendrier électoral

Face à l'inertie des autorités qui devaient conduire le processus jusqu'à son terme, des requérants qui étaient candidats à ladite élection ont saisi le Conseil constitutionnel pour pallier les carences ainsi relevées.

Le Conseil constitutionnel, faisant droit à leur requête après avoir constaté la carence de l'autorité administrative **(A),** a fixé la date de l'élection **(B).**

A- Le constat des carences de l'autorité administrative

De la décision n° 45/E/2024 du 6 mars 2024, il ressort que la fixation de la date de l'élection par le Conseil constitutionnel ne peut résulter que d'un pouvoir de substitution inhérent à la carence de l'autorité administrative dûment constatée. En effet, la juridiction considère « qu'il ressort de l'article L. 63 du Code électoral que la date du scrutin est fixée par décret ; que, toutefois, les dispositions et délais prévus par la Constitution et le Code électoral, notamment l'article LO.137, s'appliquent au schéma d'un déroulement normal du processus électoral en vue de l'élection d'un Président de la République avant la fin du mandat en cours ».

Comme faisant usage d'un *obiter dictum* il décide « que ces textes et délais perdent leur finalité dès lors que des facteurs non conformes à la

[78] Cons. const., Décision N° 45/E/2024 du 6 mars 2024.

réalité institutionnelle, juridique et factuelle ont affecté le processus initialement mis en place ; que, de même, les évènements d'ordre religieux, social et culturel ne sont pas incompatibles avec l'exercice des droits des citoyens, notamment le droit de vote ».

Ensuite le Conseil pose la règle selon laquelle « l'élection présidentielle ne peut être fixée à une date postérieure à l'expiration du mandat en cours sous peine d'en prolonger la durée au-delà de ses limites constitutionnelles ».

B- La fixation de la date de l'élection

Le Conseil constate, que la situation où la date de l'élection présidentielle n'est pas fixée, à moins d'un mois de la fin du mandat présidentiel, n'est justifiée ni en droit ni en fait. C'est pourquoi dans une suite logique, par la décision n° 45/E/2024 du 6 mars 2024, le Conseil a fixé la date du scrutin au 31 mars 2024 et a convoqué le corps électoral à cette date.

Pour justifier cette date retenue, la juridiction électorale a estimé que l'expression « meilleurs délais » indiquée dans la décision N° 1/C/2024 du 15 février 2024 renvoie nécessairement à une date pouvant permettre la tenue de l'élection avant la fin du mandat, conformément au considérant 14 de la décision précitée avant d'indiquer qu'en vertu de l'article 92 de la Constitution, cette décision s'impose aux pouvoirs publics et à toutes les autorités administratives et juridictionnelles. Elle ajoutait qu'au regard de l'urgence, le fait pour les autorités compétentes de ne pas fixer la date du scrutin plus de 20 jours après la décision n° 1/C/2024 du 15 février 2024 s'analyse comme une méconnaissance de leur obligation constitutionnelle d'exécuter ladite décision. Ainsi, faisant usage de sa plénitude de juridiction en matière électorale et du pouvoir régulateur de maintien de la continuité de l'Etat et de la stabilité des institutions, elle considère qu'il y a lieu ainsi, pour pallier l'inertie des autorités compétentes, de fixer la date de l'élection présidentielle au dimanche 31 mars 2024 et de dire que le processus électoral, qui n'est pas annulé mais interrompu, doit être poursuivi et, en conséquence, que les documents et le dispositif déjà prévus pour le scrutin du 25 février 2024 peuvent servir pour le scrutin du 31 mars 2024. Le Conseil précisait, en outre, que « la présente décision emporte convocation du corps électoral, au Sénégal et à l'étranger, pour le scrutin du 31 mars 2024 »[79].

En réaction à la décision du Conseil constitutionnel du 6 mars 2024, la date du scrutin pour l'élection présidentielle a été finalement fixée et le corps électoral convoqué par décrets adoptés en Conseil des ministres au 24 mars 2024[80]. Lesdits décrets ayant été aussitôt notifiés au Conseil constitutionnel, celui-ci a estimé que « *la fixation de la date de l'élection et la convocation du corps électoral relèvent des prérogatives légales du Président de la République* » et que *« le Conseil constitutionnel n'a exercé ces prérogatives que par substitution (...) afin de pallier l'inertie de l'Administration »* et les a jugés conformes aux exigences constitutionnelles en les acceptant comme faisant autorité[81].

Par ces décisions, le Conseil constitutionnel s'est montré garant de la stabilité politique. Cette posture du Conseil constitutionnel est une traduction parfaite de son rôle de régulateur des élections nationales qu'il a exercé depuis une décision de principe rendue en 1993, où il affirmait déjà : « ni le silence de la loi, ni l'insuffisance de ses dispositions n'autorisent le Conseil à s'abstenir de régler le différend porté devant lui. Il doit se prononcer par une décision en recourant, au besoin, aux principes généraux du droit, à la pratique, à l'équité et à toute autre règle compatible avec la sauvegarde de l'Etat de droit et avec l'intérêt commun »[82].

Fondamentalement, l'enseignement qu'on peut tirer de cette jurisprudence du Conseil constitutionnel est mis en exergue par E. BOTTINI et A. CORRE-BASSET qui, commentant les décisions de la juridiction constitutionnelle et électorale du Sénégal, font remarquer, d'une part, qu'à l'ère du constitutionnalisme moderne, l'idée de

[79] Cons. const., Décision n° 5/E/2024 du 6 mars 2024.
[80] Décrets n° 2024-690 et n° 2024-691 du 6 mars 2024.
[81] Communiqué du Conseil constitutionnel du 7 mars 2024.
[82] Cons. const., Décision N° 5/93 du 2 mars 1993, *Recueil des décisions*, précité, p. 26.

souveraineté absolue ou d'immunité du pouvoir constituant dérivé est de plus en plus remise en question.

En réalité, le pouvoir de réviser la Constitution n'est plus exempt de contrôle judiciaire, surtout lorsqu'il porte atteinte à des principes constitutionnels fondamentaux, dont la régularité des élections fait partie. Même si la loi contrôlée par le Conseil n'était pas véritablement une loi de révision constitutionnelle, le juge sénégalais s'inscrit ici dans un courant jurisprudentiel récent du contrôle de constitutionnalité des lois de révision constitutionnelle, ce qui montre son choix assez « interventionniste » *(dans le bon sens du terme)* en la matière[83].

A l'aune d'une perspective comparée, qui fait de la justice électorale un domaine de plus en plus investi par les Cours constitutionnelles notamment en Afrique, il est possible d'identifier dans ce changement de perspective des juges, un changement fondamental au sein des démocraties constitutionnelles. Les élections sont désormais perçues non seulement comme un mécanisme politique, mais comme la réalisation de véritables droits fondamentaux [84] consacrés par la Constitution [85] et reconnus par les juridictions constitutionnelles, notamment le droit de vote « libre et éclairé », un jeu politique loyal et équitable entre une majorité qui gouverne et une opposition démocratique[86], la liberté des candidatures[87]…

---

[83] E. BOTTINI et A. CORRE-BASSET, « Chronique de droit constitutionnel comparé (janvier 2024 à juin 2024), Cahiers du Conseil constitutionnel, N° 13, novembre 2024.

[84] Ibid.

[85] Article 3 de la Constitution du 22 janvier 2001, modifiée.

[86] Voir Cons. const., Décision n° 9/E/2024 du 1er septembre 2024 ; Cons. const., Décision n° 8/2017 du 26 juillet 2017.

[87] Dans la décision N °8/E/2022 du 21 mai 2022, après avoir indiqué que l'article 4 de la Constitution consacre la liberté de candidature en matière électorale, le Conseil rappelle qu'en l'absence de texte, il appartient au juge d'user de son pouvoir d'interprétation pour assurer la mise en œuvre de ce droit fondamental, sans empêcher l'Administration d'exercer ses prérogatives légales.

DEUXIÈME PARTIE :

LA RÉGULATION DES ÉLECTIONS LÉGISLATIVES ANTICIPÉES DU 17 NOVEMBRE 2024

Lors des élections législatives anticipées du 17 novembre 2024, l'intervention du Conseil constitutionnel se situe à deux niveaux : dans la phase préparatoire du processus électoral **(Chapitre I)** et lors du processus électoral proprement dit **(Chapitre II).**

Chapitre I :

Le Conseil constitutionnel dans la phase préparatoire du processus électoral

Par les décisions n° 2/C/2024 du 10 juillet 2024 et N° 8/E/2024 du 25 septembre 2024, le Conseil constitutionnel a fixé le cadre juridique des élections législatives anticipées du 17 novembre 2024. Le caractère de ces élections anticipées, a fait que celles-ci dans certains de ses aspects dérogent au régime juridique prévu pour le déroulement des élections législatives intervenues dans un intervalle régulier. De même, le Conseil a rappelé certains principes et règles qui régissent la confection des bulletins de vote pour permettre aux citoyens d'exercer leur droit de vote de façon « éclairé et fiable ».

I- La fixation du cadre juridique des élections législatives anticipées du 17 novembre 2024

Le Conseil constitutionnel a indiqué la date à partir de laquelle l'Assemblée peut être dissoute **(A),** le délai pour la tenue du scrutin et l'inapplicabilité des dispositions du Code électoral relatives au parrainage en cas d'élection législatives anticipées **(B).**

A- L'indication de la date à partir de laquelle l'Assemblée peut être dissoute

L'article 87 de la Constitution du 22 janvier 2001, modifié, prévoit que la dissolution de l'Assemblée nationale ne peut intervenir durant les deux premières années de législature. La première question adressée au Conseil constitutionnel à travers la demande formulée par la lettre confidentielle du Président de la République N° 000349/PR/CAB du 5 juillet 2024 était d'indiquer la date à partir de laquelle l'Assemblée nationale pouvait être dissoute en application de l'article 87 précité de la Constitution.

Dans la décision N° 2/C/2024 du 10 juillet 2024, le Conseil constitutionnel commence par préciser que pour déterminer le point de départ de ce délai de 2 ans, il convient de définir le terme « législature » avant de préciser qu'en l'état actuel du droit positif sénégalais, la législature renvoie à la durée du mandat de l'Assemblée nationale et ne se confond pas avec le mandat du député, lequel s'attache à la personne de l'élu. Ici, le Conseil distingue le mandat du député du mandat de l'Assemblée nationale, lequel ne saurait se confondre avec le mandat qu'exerce le député qui s'attache à sa personne. Cette distinction trouve sa base légale dans les dispositions du 4ème alinéa de l'article 87 de la Constitution qui prévoit qu'en cas de dissolution, « l'Assemblée nationale ne peut se réunir. Toutefois, le mandat des députés n'expire qu'à la date de la proclamation de l'élection des membres de la nouvelle Assemblée nationale ». Le Conseil constitutionnel en déduit que, si le décret de dissolution a pour effet de mettre fin à la législature, il laisse subsister le mandat des députés qui ne prend fin qu'avec la proclamation définitive des résultats des élections.

Puis, au soutien de l'argument de cette distinction entre le mandat du député et la législature, le Conseil s'appuie sur les dispositions de l'article 51 de la loi organique portant règlement intérieur de l'Assemblée nationale qui prévoient que « le député est couvert par l'immunité à compter du début de son mandat qui prend effet dès la proclamation des résultats des élections législatives par le Conseil constitutionnel ; qu'en disposant ainsi, ce texte fait courir la durée du mandat des députés à compter de la publication de la décision du Conseil constitutionnel qui confère aux élus leur statut officiel et l'immunité, alors que la législature débute avec les activités de l'Assemblée nationale ».

Après cette distinction, le Conseil donne le sens de la notion de « législature » en affirmant que la notion de « législature » à laquelle fait référence l'article 87 de la Constitution renvoie à la période déterminée durant laquelle l'Assemblée nationale exerce effectivement ses pouvoirs ».

Il restait donc au Conseil une fois cette définition donnée, de préciser la date du début de législature en question pour pouvoir fixer la date avec laquelle coïncide la durée exigée par l'article 87 de la Constitution pour la dissolution de l'Assemblée nationale. Pour ce faire, le Conseil constitutionnel considère que cette date coïncide avec celle de « l'installation officielle des organes de fonctionnement de l'Assemblée nationale, conformément aux dispositions des articles 8, 9 et 24 de son règlement intérieur, qui précisent que l'élection du Président et l'installation du Bureau définitif de l'Assemblée nationale se font « au début de la législature » et qui permet à l'institution parlementaire de commencer ses activités. En outre, le Conseil considère que l'article L.155 alinéa 2 du Code électoral dispose : « les pouvoirs de l'Assemblée nationale expirent le jour de l'installation de l'Assemblée nationale nouvellement élue ». Ainsi, appliquant les textes aux faits, la juridiction constitutionnelle considère « qu'à la suite des élections législatives du 31 juillet 2022, l'élection du Président de l'Assemblée nationale et l'installation du Bureau définitif de l'institution parlementaire ont eu lieu le 12 septembre 2022 ; que cette date marque le début de la législature ».

Le Conseil en conclut « qu'il en résulte que le 12 septembre 2022 est le point de départ de la computation du délai de 2 ans durant lequel l'Assemblée nationale ne peut être dissoute ; (...), dès lors, (...) la dissolution de l'Assemblée nationale peut légalement être prononcée à partir du 12 septembre 2024.

B- Le délai pour la tenue du scrutin et l'inapplicabilité des dispositions du Code électoral relatives au parrainage

La deuxième question posée au Conseil constitutionnel portait « sur la date butoir pour l'organisation d'élections législatives anticipées ».

Dans la décision N° 2/C/2024 du 10 juillet 2024, le Conseil constitutionnel commence par rappeler les dispositions de l'article 87 alinéa 3 de la Constitution qui prévoient que « le décret de dissolution fixe la date du scrutin pour l'élection des députés. Le scrutin a lieu soixante (60) jours au moins et quatre-vingt-dix jours (90) au plus après la date de publication du décret ».

Puis, il considère qu'en ce qui concerne la caution, il n'y a pas lieu pour le ministre chargé des élections de la fixer au plus tard 150 jours avant le scrutin du fait qu'en cas d'élections législatives anticipées, le montant de la dernière caution est maintenu comme le prévoit l'article L. 175 alinéa 2, du Code électoral.

Cependant, il met en exergue la spécificité du régime juridique des élections législatives anticipées, celles-ci obéissant à un cadre juridique dérogatoire à celui des élections législatives intervenues dans un intervalle régulier. En effet, le Conseil affirme que « d'autres délais prévus par le Code électoral sont incompatibles avec le délai maximum de 90 jours prévu par l'article 87 de la Constitution pour l'organisation du scrutin ». Le Conseil indique que l'article L.176 du Code électoral qui dispose « qu'au plus tard 88 jours avant celui du scrutin, le ministre chargé des élections institue par arrêté une commission de réception. Celle-ci est chargée 85 jours au plus et 60 jours au moins avant celui du scrutin de la réception matérielle de l'intégralité des listes de parrainage et des dossiers de candidature (...). À l'issue du contrôle des listes de parrainage et éventuellement des régularisations y afférentes, la commission de réception entame l'étude pour la recevabilité juridique des dossiers de candidature 75 jours avant celui du scrutin ». Ce faisant, il considère que l'articulation de ces délais avec celui prévu à l'article 87 de la Constitution ne laisse qu'une marge de temps de 5 à 30 jours, insuffisante pour la collecte et la mise en place du dispositif juridique et technique de vérification des parrainages.

En conséquence, le Conseil décide : « en vertu du principe de la hiérarchie des normes qui consacre la suprématie des dispositions constitutionnelles sur celles du Code électoral, il y a lieu de dire que les dispositions relatives au parrainage ne peuvent être appliquées aux élections législatives anticipées ».

Après avoir défini ce cadre juridique des élections, le Conseil considère « qu'en cas de dissolution de l'Assemblée nationale, conformément à l'article 87 de la Constitution, le scrutin a lieu 90 jours au plus tard après la date de publication du décret de dissolution ; qu'il se tient un dimanche, comme le prévoit l'article L. 63 du Code électoral ».

Par l'interprétation, le Conseil constitutionnel a défini le cadre juridique des élections législatives anticipées du 17 novembre 2024. Le Conseil a rappelé que le caractère particulier de ces élections, a fait que celles-ci, dans certains de ses aspects, dérogent au régime juridique prévu par le Constituant et le législateur pour le déroulement des élections législatives intervenues dans un intervalle régulier. Ainsi, en application de la théorie de la hiérarchie des normes, le Conseil a autorisé l'Administration à définir un régime juridique dérogatoire au Code électoral compatible avec le délai maximum de 90 jours prévu par la Constitution pour la tenue du scrutin.

II- L'interprétation de la décision N° 2/C/2024 du 10 juillet 2024

Saisi de recours, le Conseil constitutionnel a précisé le sens de la décision du Conseil constitutionnel. En effet, l'incompatibilité de certains délais du Code électoral avec le délai maximum de 90 jours prévu par l'article 87 de la Constitution pour l'organisation du scrutin, a poussé le Conseil constitutionnel à appliquer la théorie de la hiérarchie des normes **(A)**. Par ailleurs, le Conseil a déterminé le début du processus électoral, celui-ci étant distinct de la décision rendue sur la demande d'avis du Président de la République pour la dissolution de l'Assemblée nationale **(B).**

A- L'application de la théorie de la hiérarchie des normes

La hiérarchie des normes, telle que décrite par Hans KELSEN veut que l'acte de rang inférieur tire sa validité de sa conformité à la norme se situant au niveau supérieur[88].

Pour assurer le bon déroulement du processus électoral, le Conseil constitutionnel, tenant compte du régime juridique spécifique des élections législatives anticipées, met en œuvre le mécanisme de régulation - « lubrifiant institutionnel » [89] et effectue une « conciliation » entre deux règles constitutionnelles dont l'une constitue un pilier fondamental qu'il convient de sauvegarder en procédant à « la neutralisation » de l'autre[90].

Après la publication du décret de convocation du corps électoral et celui fixant la date du scrutin, des requérants ont estimé que le rapport de présentation du décret N° 2024-1981 du 13 septembre 2024 portant convocation du corps électoral en vue des élections législatives anticipées du dimanche 17 novembre 2024, procède d'une interprétation erronée de la décision N° 2/C/2024 du 10 juillet 2024 relative à la demande d'avis du Président de la République. Au soutien du moyen, ils expliquent, en effet, que le passage de cette décision qui relève que « d'autres délais prévus par le Code électoral sont incompatibles avec le délai maximum de 90 jours prévu par l'article 87 de la Constitution pour l'organisation du scrutin », ne confère nullement au Président de la République la faculté de compresser les délais prévus

---

[88] H. KELSEN, *Théorie pure du droit* (Traduction Charles EISENMANN), Paris, Dalloz, 1962, p. 14.

[89] N. MEDE, « La fonction de régulation des juridictions constitutionnelles en Afrique francophone », *A.I.J.C.,* 2007, p. 49 ; G. S. BADET, *Le contrôle infra normatif et le contrôle ultra normatif de constitutionnalité,* Thèse de doctorat en droit, Université catholique de Louvain, Faculté de droit et de criminologie. Centre de recherches sur l'État et la Constitution, Année académique 20011-2012, p. 193.

[90] E. H. MBODJ, « Le juge : un déterminant du processus électoral en Afrique ? », *op.cit.*, pp. 432 et s.

par les articles L. 54, L. 68, L.176 et LO. 183 du Code électoral. Ils en concluent que le décret attaqué viole ces textes et doit être annulé.

Dans sa réponse, le Conseil constitutionnel appliquant la théorie de la hiérarchie des normes, considère que « les dispositions de l'article 87 de la Constitution prévalent sur les dispositions du Code électoral ; que dès lors qu'il n'est pas contesté que la date retenue par le décret attaqué pour la tenue du scrutin est conforme à ce texte, le calendrier électoral doit être défini en cohérence avec cette date ; que le moyen est rejeté »[91].

Ici, le cadre juridique des élections législatives anticipées est défini en cohérence avec la date retenue pour le scrutin. Il s'agit, en réalité, d'un régime juridique dérogatoire à celui des élections législatives qui interviennent dans un intervalle régulier. Cette solution peut se comprendre dans la mesure où, le Code électoral a omis d'aménager des dispositions spécifiques relatives au parrainage en cas d'élections législatives anticipées.

Il n'était point question de compresser les délais prévus pour le déroulement des élections législatives dans un cadre normal mais, sur habilitation constitutionnelle, de fixer des délais permettant d'avoir un calendrier électoral en cohérence avec la date du scrutin, en application de l'article 87 de la Constitution.

B- La détermination du début du processus électoral

Le deuxième moyen développé par les requérants était axé sur la violation du principe d'égalité des partis politiques prévu par l'article 4 de la Constitution, en ce que la décision sur la demande d'avis du Président de la République rendue par le Conseil constitutionnel sur demande d'avis du Président de la République n'a pas été publiée.

Le Conseil constitutionnel, dans sa réponse, fait remarquer, « d'une part, que la décision du Conseil constitutionnel, rendue sur demande d'avis du Président de la République, a été publiée au *Journal officiel*

[91] Cons. const., Décision n° 8/E/2024 du 25 septembre 2024.

n° 7759 du 6 septembre 2024 »[92]. D'autre part, il considère que « cette décision ne fait pas partie du processus électoral dont le décret n° 2024-1980 du 12 septembre 2024 portant dissolution de l'Assemblée nationale et fixant la date du scrutin pour les élections législatives anticipées au dimanche 17 novembre 2024 constitue le point de départ ; qu'en effet, l'avis donné par le Conseil constitutionnel au Président de la République ne porte pas sur l'opportunité de dissoudre ou non l'Assemblée nationale mais uniquement sur la date à partir de laquelle une dissolution est possible, celle-ci ne dépendant que de la volonté du Président de la République »[93]. Le Conseil en conclut que « le moyen est rejeté »[94].

La valeur heuristique de cette décision est indéniable[95]. Elle a la vertu d'indiquer que ce n'est pas la décision du Conseil constitutionnel rendue sur demande d'avis du Président de la République qui marque le point de départ du processus électoral, le début de celui-ci coïncidant avec la prise du décret fixant la date des élections et celui convoquant le corps électoral.

Seulement, il est difficile de dissocier la dissolution de l'Assemblée nationale du début du processus électoral puisque c'est le décret de dissolution de l'institution parlementaire qui fixe la date du scrutin[96].

---

[92]Cons. const., Décision n° 8/E/2024 du 25 septembre 2024.
[93] Ibid.
[94]Ibid.
[95] Il faut rappeler que dans la décision n° 5/C/2024 rendue le 18 décembre 2024, à propos de la fin du processus électoral, le Conseil constitutionnel a décidé que « contrairement aux allégations des requérants, qu'il résulte du texte précité *(article 92 de la Constitution)* que l'exercice par le Conseil de ses attributions constitutionnelles en matière électorale prend fin à la proclamation des résultats définitifs du scrutin, marquant la fin du processus électoral ; que l'élection du bureau de l'Assemblée nationale, qui procède de l'organisation interne de cette institution, ne fait pas partie du processus électoral ».
[96] Article 87 de la Constitution.

Chapitre II :

Le rôle du Conseil constitutionnel dans le processus électoral

Pour les élections législatives, le rôle du Conseil constitutionnel se situe en général dans la résolution des contestions relatives aux listes de candidatures[97] et dans le contentieux des résultats du scrutin, après la publication des résultats provisoires par la Commission nationale de Recensement des votes[98]. Pour les élections législatives anticipées du 17 novembre 2024, le Conseil, dès le début du processus électoral, a été saisi par le Président de la République d'une demande d'avis portant sur le format des bulletins de vote **(I).** De même, le Conseil a régulé le déroulement du processus électoral **(II).**

I- La détermination du format et le contenu des bulletins de vote

Le Président la République avait saisi le Conseil constitutionnel d'une demande d'avis sur le format et le contenu du bulletin de vote.

A propos du contenu du bulletin de vote, au soutien de la demande d'avis, il était exposé que le bulletin de vote n'est qu'un instrument permettant à l'électeur de matérialiser son choix et qu'à ce titre, il suffit qu'il comporte les éléments permettant de distinguer sans difficulté les différents bulletins, notamment grâce à la couleur, la photo, le symbole et le sigle.

S'agissant des élections législatives, l'identité des candidats est prise en compte par l'arrêté du ministre chargé des élections. En conséquence, eu égard au nombre de candidatures enregistrées par la Commission de réception des dossiers de candidature, le fait de ne pas faire figurer la liste des candidats sur les bulletins de vote permet un

[97] Article LO. 184 du Code électoral.
[98] Article LO. 195 du Code électoral.

gain de temps important dans un contexte d'urgence, sans préjudicier aux droits des candidats et des électeurs.

Pour répondre à cette première demande, le Conseil constitutionnel commence par rappeler les obligations des partis politiques, des coalitions de partis politiques et des entités regroupant des personnes indépendantes en la matière, lesquelles devant être traduites par l'Administration lors de la confection des bulletins de votes. En effet, le Conseil considère « que l'article L.173 du Code électoral met à la charge des partis politiques, des coalitions de partis politiques et des entités regroupant des personnes indépendantes l'obligation de présenter des listes complètes ; qu'en application de ce texte, l'article R. 58 du Code électoral oblige l'Administration à mettre à la disposition de l'électeur des bulletins de vote comportant l'intégralité des listes de candidats pour chaque scrutin »[99].

Après cette précision, le Conseil rappelle au saisissant la nature juridique des élections législatives qui sont caractérisées par la particularité d'être une élection de liste qui « traduit un engagement collectif des candidats, matérialisé par la mention sur les bulletins de vote des éléments d'identification de ces derniers ». Dès lors, le juge estime que « l'unique photo de la tête de liste sur les bulletins de vote entraine une personnalisation incompatible avec ce type de scrutin et porte atteinte à l'égalité des candidats en violation des articles premier et 7 de la Constitution »[100].

Ensuite, le Conseil rappelle le but du caractère exhaustif des informations devant figurant sur le bulletin. Celles-ci assurent en effet, selon le Conseil constitutionnel, « la transparence et la clarté du vote en ce qu'il permet au votant de connaître la composition complète de la liste et de s'assurer du respect de la réglementation électorale, notamment en ce qui concerne la parité prévue par les articles 7 de la Constitution et L.149 du Code électoral »[101].

---

[99] Cons. const. Décision N° 9/E/2024.
[100] Cons. const. Décision N° 9/E/2024.
[101] Ibid.

Le Conseil constitutionnel conclut « qu'en comportant uniquement la date et l'objet de l'élection, le nom du parti politique, de la coalition de partis politiques ou de l'entité regroupant des personnes indépendantes, le sigle et le symbole choisis, éventuellement le titre, sans la liste complète des candidats titulaires et suppléants, les bulletins de vote ne permettent pas à l'électeur d'exercer son droit de vote en toute connaissance de cause, de façon libre et éclairée (...) en conséquence, que les modifications envisagées sur les bulletins de vote sont substantielles et sont susceptibles d'influencer le choix de l'électeur, celui-ci ayant le droit, au moment de voter, de connaître les prénoms et noms des candidats »[102].

Sur le format du bulletin de vote, la demande d'avis faisait valoir que l'impression des bulletins de vote sous le format 90 mm x 770 mm en recto simple permet, outre le gain de temps, un allègement important des charges financières inhérentes à l'organisation d'une élection, notamment dans le contexte actuel marqué par une forte tension au niveau des finances publiques.

En réponse au moyen, le Conseil considère, d'une part, que « l'impression des bulletins de vote sous le format 90 mm x 770 mm en recto simple ne permet pas l'affichage sur les bulletins de vote de la liste des candidats titulaires et suppléants pour le scrutin du 17 novembre 2024 et constitue, en conséquence, une atteinte à l'exercice libre et éclairé du droit de vote que ne sauraient justifier, ni le coût de l'impression des bulletins, ni l'urgence, ces éléments n'étant ni imprévisibles, ni insurmontables ». D'autre part, que la Constitution proclame dans son Préambule la volonté du Sénégal « d'être un État moderne qui fonctionne selon le jeu loyal et équitable entre une majorité qui gouverne et une opposition démocratique, et un Etat qui reconnaît cette opposition comme un pilier fondamental de la démocratie et un rouage indispensable au bon fonctionnement du mécanisme démocratique »[103].

102 Ibid.
103 Ibid.

En conséquence, le Conseil estime que « sous réserve d'un large consensus entre les partis politiques, les coalitions de partis politiques et les entités regroupant des personnes indépendantes qui ont effectivement fait acte de candidature aux élections législatives anticipées du 17 novembre 2024, les bulletins de vote doivent être établis conformément aux dispositions légales et réglementaires en vigueur »[104].

Les arguments fondés sur le souci de rationalisation des finances publiques dans le contexte marqué par « une forte tension des finances publiques », la recherche du gain de temps dans l'impression des bulletins de vote et l'urgence avancés par l'auteur de la demande d'avis ont été inopérants. Le Conseil constitutionnel s'est montré intransigeant face aux exigences constitutionnelles, législatives et régimentaires qui régissent la confection des bulletins de vote.

Le Conseil a rappelé certains principes et règles qui régissent la confection des bulletins de vote pour permettre aux citoyens d'exercer leur droit de vote de façon « éclairée et fiable ». A cet effet, le caractère exhaustif des informations devant figurer dans le bulletin de vote des candidats et le respect du format traditionnel est une exigence pour le Conseil. Sous réserve d'un large consensus entre les partis politiques, les coalitions de partis politiques et les entités regroupant des personnes indépendantes qui ont effectivement fait acte de candidature aux élections législatives anticipées du 17 novembre 2024, les bulletins de vote doivent être établis conformément aux dispositions légales et réglementaires en vigueur.

II- Le déroulement du processus

Le rôle du Conseil constitutionnel, dans le déroulement du processus électoral lors des élections législatives anticipées du 17 novembre 2024, s'est manifesté dans le contentieux des listes de candidatures **(A)** et lors de la proclamation définitive des résultats du scrutin **(B).**

[104] Ibid.

A- Le contentieux des listes de candidatures

Lors des élections législatives anticipées du 17 novembre 2024, le contentieux des listes de candidatures soumis au Conseil constitutionnel portait sur l'inéligibilité de certains candidats **(1)** et sur les réclamations des mandataires **(2).**

1- L'inéligibilité et les recours des mandataires

Il ressort des dispositions de l'article LO. 182 du Code électoral, qu'en cas de dépôt d'un dossier de candidature en faveur d'une personne inéligible, il appartient seulement au ministre chargé des Elections, après l'expiration du délai de 5 jours pour l'analyse des dossiers pour les besoins de la recevabilité juridique[105], et jusqu'à la date de la prise de l'arrêté publiant les déclarations reçues, de saisir le Conseil constitutionnel qui statue dans les trois jours de la saisine sur la recevabilité de ladite candidature.

Le Conseil constitutionnel était saisi de deux requêtes toutes introduites par des mandataires contre des candidatures de personnes dont l'une avait fait l'objet d'une condamnation pénale[106], et l'autre d'une décision du Conseil constitutionnel, au cours de l'élection présidentielle, qui la rendait inéligible pour une durée de cinq ans à cause d'une condamnation pénale antérieure [107].

Or, dans le cas d'espèce, bien que les arguments invoqués par les auteurs des recours semblent à certains égards évidents, le ministre chargé des élections s'était s'abstenu de saisir le Conseil constitutionnel d'un recours visant à faire invalider les candidatures querellées.

Dans les deux décisions, le Conseil constitutionnel considère que « la question de l'inéligibilité d'un candidat, prévue par l'article LO. 182 précité, ne fait pas partie des hypothèses pouvant donner lieu à une saisine du Conseil constitutionnel par les mandataires des listes de

---

[105] Alinéa Premier de l'article L. 179 du Code électoral.
[106] Affaire N° 72/E/24.
107 Affaire N° 67/E/24.

candidats, ces hypothèses étant prévues par l'article LO. 184 du Code électoral ; (…), en effet, il résulte de l'article LO. 182 du Code électoral, que s'il apparait qu'une déclaration de candidature a été déposée en faveur d'une personne inéligible, seul le ministre chargé des élections peut saisir le Conseil constitutionnel ; qu'à défaut d'une telle saisine par l'autorité compétente dans le délai prévu par la loi, la candidature est reçue ; (…) en conséquence, le recours est irrecevable »[108].

Le Conseil constitutionnel, à travers deux décisions, a décidé que l'article LO. 184 du Code électoral ne donne pas aux mandataires le droit de le saisir d'une requête dirigée contre la candidature déposée en faveur d'une personne inéligible. Le Conseil constitutionnel a indiqué que le cas prévu par l'article LO. 182 du Code électoral réservé au recours contre les candidatures déposées en faveur des personnes inéligibles ne fait pas partie des hypothèses prévues par l'article LO. 184 du Code électoral. L'énumération de l'article LO. 184 du Code électoral qui prévoit le droit de recours des mandataires n'intègre pas l'article LO. 182 dudit Code. Il en résulte que le recours prévu à l'article LO. 182 du Code électoral est une action reconnue seulement au ministre chargé des Elections.

Cette réponse du Conseil qui protège le principe de la liberté des candidatures, attire une fois de plus, sur la spécificité du contentieux électoral qui n'admet pas les interprétations par analogie pouvant entraver la liberté de candidature.

2- Les réclamations des mandataires contre l'arrêté du ministre chargé des élections

Parmi les recours introduits après la publication de l'arrêté portant publication des déclarations de candidatures reçues du ministre chargé des élections, certains avaient pour objet de faire des réclamations en faveur ou contre des listes de candidats.

[108] Cons. const., Décisions N° 12/E/2024 et N° 17/E/2024 du 10 octobre 2024.

Au demeurant, le Conseil constitutionnel a réaffirmé sa jurisprudence en considérant que le requérant qui n'est pas mandataire de l'entité dénommée « Parti pour la Rénovation et l'Emergence du Sénégal (PRES) » n'a pas qualité pour saisir le Conseil constitutionnel ; que la requête est irrecevable »[109].

L'incomplétude de la liste dans un département a été sanctionnée par l'arrêté du ministre de l'Intérieur et de la Sécurité publique. En effet, en application de l'article L. 178 du Code électoral qui prévoit que les listes doivent être complètes, le ministre avait déclaré irrecevable la liste en cause qui avait investi un titulaire et un suppléant dans le département de Bakel alors que le décret n° 2024-1982 du 13 septembre 2024 portant répartition des sièges au scrutin majoritaire pour les élections législatives du 17 novembre 2024 prévoit deux sièges pour ledit département.

Les motifs de la requête étaient fondés sur l'alinéa 4 de l'article L. 176 du Code électoral et la jurisprudence du Conseil constitutionnel qui autorisent, pendant la phase d'instruction des dossiers par la Commission, à procéder à ce changement. Le requérant sollicitait en conséquence, l'annulation de la décision du ministre de l'Intérieur.

Dans sa décision, le Conseil constitutionnel, sans s'attarder sur cette argumentation, révèle que les motifs de la décision du ministre de l'Intérieur et de la Sécurité publique étaient fondés sur le caractère incomplet de ladite liste en décidant que « cette liste ainsi composée n'est pas conforme au décret précité qui prévoit pour le département de Bakel deux sièges, soit deux titulaires et deux suppléants ; que c'est à bon droit que le ministre de l'Intérieur a déclaré la liste incomplète et, en conséquence, irrecevable en application de l'article L.178 du Code électoral ; que la requête est rejetée »[110].

---

[109] Cons. const., Décisions N° 10/E/2024, N°19/E/2024 et N° 16/E/2024 du 10 octobre 2024.

[110] Cons. const., Décision N° 11/E/2024 du 10 octobre 2024. Dans le même sens, voir Décisions N° 14/E/2024 et N° 18/E/2024 du 10 octobre 2024.

Dans une autre affaire, le Conseil constitutionnel a relevé que l'absence de certaines pièces et mentions exigées par les dispositions des articles L. 173 et L. 174 du Code électoral, notamment le bulletin n° 3 du casier judiciaire, le domicile ou la profession du candidat entraine le caractère incomplet des dossiers de candidature et, par conséquent l'incomplétude de la liste concernée[111].

Le pouvoir d'instruction du Conseil constitutionnel a été mis en œuvre pour déterminer si la parité qui est une obligation constitutionnelle[112] et législative[113] a été respectée par une liste de candidature. Pour contester la décision du ministre de l'Intérieur, le requérant a soutenu, qu'en application de l'article L. 178 du Code électoral, la liste des suppléants présentée par le parti politique « PASTEF » au scrutin proportionnel est irrecevable au motif qu'« aux 25ème, 26ème et 27ème » rangs dans l'ordre d'investiture, la parité homme-femme prévue par l'article L.149 du Code électoral, n'est pas respectée.

Le Conseil constitutionnel considère « qu'il ressort de l'instruction du dossier, notamment de la photocopie légalisée de la carte d'identité biométrique CEDEAO transmise au Conseil constitutionnel par la Direction générale des Elections, que (X..), investie au 26ème rang de la liste des suppléants présentée par le parti politique « PASTEF », est de sexe féminin ; qu'il s'ensuit que la parité homme-femme prévue par l'article L. 149 précité est respectée ; que la requête est rejetée »[114].

Dans une autre affaire, le Conseil a précisé le but de la formalité de notification. Il a considéré que l'omission de la formalité de notification n'entache pas la décision du ministre de l'Intérieur de la Sécurité publique d'une irrégularité lorsque cette omission n'a pas empêché le mandataire d'exercer son droit de recours. L'absence de la notification de la décision individuelle déclarant la liste de candidatures irrecevable n'a pas été sanctionnée dès lors qu'après la publication de l'arrêté du

---

[111] Cons. const., Décision N° 15/E/2024 du 10 octobre 2024.

[112] Article 7 de la Constitution, modifiée, du 22 janvier 2001.

[113] Article L. 149 du Code électoral.

[114] Cons. const., Décision N° 13/E/2024 du 10 octobre 2024.

ministre portant publication des déclarations de candidature reçues, le mandataire est à même d'exercer son droit de recours contre ledit arrêté. Le requérant soutenait que pour déclarer irrecevable la liste de la coalition « TAKKU WALLU SENEGAL », l'arrêté du ministre de l'Intérieur, se fondant sur les dispositions des articles L. 149 et L.173 du Code électoral, lui fait grief d'avoir investi deux candidats alors que le décret 2024-1982 du 13 septembre 2024 portant répartition des sièges de députés à élire au scrutin majoritaire départemental pour les élections législatives anticipées du 17 novembre 2024, prévoit trois candidats pour le « département Afrique de l'Ouest ». Il précise qu'en pareille circonstance, il incombe au ministre de l'Intérieur de notifier au mandataire le caractère incomplet du dossier. Il en déduit que cette formalité, prévue par l'article L. 179 du Code électoral n'ayant pas été respectée, la liste de « TAKKU WALLU SENEGAL » pour le « département Afrique de l'Ouest » doit être déclarée recevable.

Le Conseil constitutionnel considère « que la formalité de notification prévue à l'article L. 179 précité permet au mandataire, en application des dispositions de l'article LO. 184 du Code électoral, d'exercer un droit de recours devant le Conseil constitutionnel contre la décision du ministre de l'Intérieur ; que malgré l'omission de cette formalité, le requérant a pu saisir le Conseil constitutionnel d'un recours contre l'arrêté du ministre ; qu'il n'a donc pas été privé de ce droit »[115].

B- La proclamation des résultats définitifs

En l'absence de contestation, le Conseil constitutionnel déclare les députés définitivement élus. Dans la pratique, si le Conseil constate des incohérences, il procède aux redressements et ajustements nécessaires des données chiffrées transmises par la Commission nationale de Recensement des Votes.

Une « lecture pittoresque » des dispositions de l'article LO. 194 du Code électoral qui prévoit qu'en l'absence de contestations, le Conseil constitutionnel déclare les « députés définitivement élus », milite en

[115] Cons. const., Décision N° 14/E/2024 et N° 18/E/2024 du 10 octobre 2024.

faveur d'une fonction presque notariale, de certification du Conseil constitutionnel lorsque les données ne sont pas contestées par les candidats.

Au demeurant, le pouvoir de régulation du processus électoral que le Conseil tient de l'article 92 de la Constitution lui permet de redresser et de corriger les données chiffrées erronées pour assurer une cohérence d'ensemble des résultats.

En la matière, le constituant fait obligation au Conseil constitutionnel de veiller à la régularité des élections nationales[116]. La juridiction exerce ainsi, sur le fondement du texte de la Constitution un pouvoir d'auto-saisine. Ce pouvoir d'auto-saisine en matière électorale est indispensable « …étant donné les limites dans lesquelles se trouve enfermé le droit de contestation des électeurs »[117].

Dans la pratique, le plus souvent, le Conseil constitutionnel agit sur le nombre de bulletins nuls et sur les votants. Les données relatives au nombre total des suffrages exprimés et au nombre de voix obtenues par chaque candidat sont considérées comme intangibles.

Pour les élections législatives anticipées du 17 novembre 2024, aucune requête en contestation des résultats du scrutin n'a été enregistrée au greffe du Conseil constitutionnel. Cette situation est le signe d'un bon déroulement du scrutin dont les résultats sont acceptés par l'ensemble des acteurs du processus électoral.

En application des dispositions de l'article LO.194 du Code électoral précité, le Conseil constitutionnel s'appuyant sur le procès-verbal de proclamation des résultats provisoires du scrutin transmis par la Commission nationale de Recensement des Votes, a procédé aux ajustements et redressements nécessaires pour assurer la cohérence d'ensemble des résultats et a proclamé les résultats définitifs du scrutin bureau de vote par bureau de vote[118].

---

[116] Articles 35 et 92 de la Constitution du 22 janvier 2001.

[117] L. PHILIP, « Les attributions et rôle du Conseil constitutionnel en matière d'élections et de référendums », *R.D.P,* N°1, 1962, p. 55.

[118] Cons. const., Décision N° 20/E/2024 du 27 novembre 2024.

Tableau 1 : Résultats globaux transmis par la Commission nationale de Recensement des Votes lors des élections législatives anticipées du 17 novembre 2024.

Électeurs inscrits :	7 371 891
Votants :	3 649 959
Bulletins nuls :	26 326
Suffrages valablement exprimés :	3 623 633
Quotient national :	68 370,43
Taux de participation :	49,51%

Tableau 2 : Résultats globaux après **corrections et ajustements** par le Conseil constitutionnel lors des élections législatives anticipées du 17 novembre 2024.

Électeurs inscrits :	7 371 891
Votants :	**3 650 120**
Bulletins nuls :	**26 487**
Suffrages valablement exprimés :	3 623 633
Quotient national :	68 370,43
Taux de participation :	49,51%

Conclusion

L'existence d'un cadre organisationnel crédible permettant un déroulement harmonieux du processus électoral emportant la confiance et l'adhésion de tous les protagonistes du jeu électoral à des règles consensuelles est le gage d'une élection régulière, transparente, sincère et loyale. Celles du 24 mars 2024 et du 17 novembre 2024 en ont administré la preuve.

En plus de l'application du cadre juridique qui régit le processus électoral de chacune de ces élections, le Conseil constitutionnel a manifesté « le désir d'apaiser les relations sociales », « le désir d'une entente cordiale » mettant ainsi en œuvre son pouvoir de régulation, soit en corrigeant les irrégularités commises par l'Administration électorale par la censure de ses décisions, soit en orientant son action par la fonction consultative pour assurer un bon déroulement du processus électoral.

Annexes

Les annexes sont composées des décisions rendues sont classées par élection et par ordre chronologique.

DÉCISIONS

ELECTION PRESIDENTIELLE

- Décision n° 1/E/2023 du 24 novembre 2023 fixant les modalités de réception des dossiers de déclaration de candidature et les règles de fonctionnement de la Commission de Contrôle des Parrainages, en vue de l'élection présidentielle du 25 février 2024 ;

- Décision n° 2/E/2023 du 12 décembre 2023 portant désignation des membres de la Commission de Contrôle des Parrainages et fixant leurs attributions, droits et obligations ;

- Décision n° 1/E/2024 du 12 janvier 2024 arrêtant la liste des candidats à l'élection présidentielle du 25 février 2024 ;

- Décision n° 2/E/2024 du 20 janvier 2024 statuant sur les contestations et arrêtant la liste des candidats à l'élection présidentielle du 25 février 2024 ;

- Décision n° 3/E/2024 du 8 février 2024 rejetant le recours d'une personne n'ayant pas la qualité de candidat ;

- Décision n° 1/C/2024 du 15 février 2024 annulant le décret du président de la République et déclarant la loi non conforme à la Constitution ;

- Décision n° 4/E/2024 du 20 février 2024 donnant acte à la candidate Rose Wardini de son retrait de candidature et arrêtant la liste des candidats à l'élection présidentielle ;

- Décision n° 60/E/2024 du 5 mars 2024 rendue sur la demande d'avis du Président de la République ;

- Décision n° 5/E/2024 du 6 mars 2024 fixant la date du scrutin au 31 mars 2024 et convoquant le corps électoral à cette date ;

- Décision n° 7/E/2024 du 29 mars 2024 proclamant les résultats définitifs du scrutin du 24 mars 2024 ;

RÉPUBLIQUE DU SÉNÉGAL

Un Peuple – Un But – Une foi

******

CONSEIL CONSTITUTIONNEL

DÉCISION n° 1/E/2023
fixant les modalités de réception des dossiers de déclaration de candidature et les règles de fonctionnement de la Commission de Contrôle des Parrainages, en vue de l'élection présidentielle du 25 février 2024

LE CONSEIL CONSTITUTIONNEL,

Vu la Constitution ;

Vu la loi organique n° 2016-23 du 14 juillet 2016 relative au Conseil constitutionnel ;

Vu la loi n° 2021-35 du 23 juillet 2021 portant Code électoral ;

Vu le décret n° 2023-339 du 16 février 2023 portant fixation de la date de la prochaine élection présidentielle ;

Vu l'arrêté n° 032005 du 25 septembre 2023 du Ministre de l'Intérieur fixant le nombre d'électeurs et d'élus requis pour le parrainage d'un candidat, ainsi que les formats et contenus des fiches de collecte des parrainages, en vue de l'élection présidentielle du 25 février 2024 ;

Après en avoir délibéré conformément à la loi ;

DÉCIDE :

Titre premier : Du dépôt des dossiers de déclaration de candidature

Article premier. – Les dossiers de déclaration de candidature comportant, entre autres pièces, la liste des électeurs ou des élus ayant parrainé le candidat, sont déposés au greffe du Conseil constitutionnel entre le soixante quinzième (75ème) jour et le soixantième (60ème) jour avant le premier tour du scrutin fixé au 25 février 2024, soit entre le lundi 11 décembre et le mardi 26 décembre 2023, aux jours ouvrables, de huit (8) heures à dix-sept (17) heures.

Au dernier jour du délai de dépôt, une permanence est assurée au greffe du Conseil constitutionnel jusqu'à minuit.

Article 2.- Le dépôt des dossiers de déclaration de candidature est fait par le mandataire du parti politique, de la coalition de partis politiques ou de l'entité regroupant des personnes indépendantes, et pour le candidat indépendant, par lui-même ou par son représentant.

Le représentant du candidat investi par un parti politique, une coalition de partis politiques ou une entité regroupant des personnes indépendantes, s'il n'est pas le mandataire, se présente au Conseil constitutionnel en même temps que ce dernier.
Le mandataire et le représentant doivent justifier de leur qualité.

Article 3.- Le parrainage, conformément aux dispositions des articles 29 de la Constitution et L.120, alinéa 2, du Code électoral, est optionnel. En conséquence, nul n'est admis à déposer des parrainages par les citoyens et des parrainages par les élus, ou à substituer, dans le cadre de la régularisation, un mode de parrainage par un autre.

Lors du dépôt du dossier de déclaration de candidature, le chef du greffe, assisté d'un informaticien du Conseil constitutionnel, fait procéder, sans délai, à l'ouverture, à la visualisation et à l'enregistrement chiffré du fichier électronique contenant la liste des parrains, aux fins de sauvegarde de l'intégrité des données, en présence du mandataire concerné, du candidat indépendant ou de son représentant, lesquels peuvent se faire assister d'un technicien de leur choix.

Le chef du greffe établit un récépissé de dépôt faisant l'inventaire des pièces reçues et sur lequel sont apposées sa signature et celle du déposant. Il en est délivré copie à ce dernier.

Tout vice affectant le fichier électronique fait l'objet d'une mention sur le récépissé de dépôt.

Article 4.- Après l'accomplissement des opérations prévues à l'article 3, alinéa 2 ci-dessus, le chef du greffe mentionne sur une enveloppe à l'entête du Conseil constitutionnel le nom du candidat, celui du parti, de la coalition de partis politiques ou de l'entité regroupant des personnes indépendantes. Le support contenant le fichier électronique est mis dans cette enveloppe sur laquelle le chef du greffe appose le sceau du Conseil constitutionnel.

Le chef du greffe, le mandataire ou le représentant selon le cas, apposent leur signature sur l'enveloppe ainsi scellée, qui est conservée au greffe du Conseil constitutionnel, jusqu'au moment de la vérification prévue aux articles 9, 10 et 11 de la présente décision.

Titre II : De la Commission de Contrôle des Parrainages et de ses modalités de fonctionnement

Article 5. **-** En vue de la vérification et du contrôle des listes de parrainage pour l'élection présidentielle du 25 février 2024, il est mis en place, par le Conseil constitutionnel, en application de l'article L.123, alinéa 2 du Code électoral, une Commission de Contrôle des Parrainages composée :

- des membres du Conseil constitutionnel ;
- du chef du greffe ;
- du personnel administratif et technique en service au Conseil constitutionnel ;
- de représentants de la Commission électorale nationale autonome (CENA) ;
- de personnalités indépendantes ayant des compétences, notamment en matière électorale, juridique ou informatique ;

- du représentant de l'Administration.

Lorsque le dossier d'un candidat est vérifié, son représentant est admis à assister aux opérations de contrôle des parrainages de ce candidat.

Article 6.- La Commission de Contrôle des Parrainages, installée au siège du Conseil constitutionnel, travaille sous l'autorité du Président de cette juridiction.

Article 7.- A l'expiration du délai de dépôt des dossiers de déclaration de candidature, la Commission procède à la vérification des listes de parrainage suivant un ordre de passage déterminé par un tirage au sort.
La date, l'heure, le lieu et les modalités du tirage au sort sont fixés par le Conseil constitutionnel. Ce tirage au sort est fait en présence des membres de la Commission et des représentants des candidats.
Les résultats du tirage au sort sont consignés dans un procès-verbal d'huissier, auquel est annexé le calendrier subséquent du contrôle des parrainages. Copies du procès-verbal et du calendrier sont délivrées aux membres de la Commission et aux représentants des candidats. La remise de ces documents vaut convocation des membres de la Commission et des représentants des candidats aux opérations de contrôle des parrainages.

Article 8.- Les dossiers incomplets pour absence de l'une des pièces exigées à l'article L.121 du Code électoral et les dossiers n'ayant pas obtenu le minimum de parrains requis ne sont pas pris en compte dans les opérations de contrôle des parrainages.
Au début de chaque séance de vérification, le chef du greffe, avant de l'ouvrir, présente l'enveloppe scellée contenant le support du fichier électronique aux membres de la Commission et au représentant du candidat, qui en vérifient l'intégrité.
Il est ensuite procédé au traitement automatisé du fichier électronique contenant la liste des parrains du candidat.

Article 9.- Le contrôle du parrainage par les citoyens consiste à vérifier :

- le chiffre global de parrainages recueillis pour le confronter au minimum et au maximum fixés par l'arrêté n° 032005 du 25 septembre 2023 du Ministre de l'Intérieur :
    - si le nombre d'électeurs représentatif du minimum, soit 44.231 parrains, n'est pas atteint, il n'est pas procédé au traitement automatisé du fichier ;
    - si le nombre d'électeurs représentatif du maximum, soit 58.975 parrains, est dépassé, il n'est pas tenu compte du surplus qui est nul et non avenu ;
- l'identité du parrain sur le fichier général des électeurs selon les critères prévus à l'article L.57 du Code électoral, à savoir : le prénom, le nom, la circonscription électorale d'inscription, le numéro de la carte d'électeur et l'élément d'identification complémentaire fixé par l'arrêté susvisé du Ministre de l'Intérieur, en l'occurrence la date d'expiration de la carte d'identité biométrique CEDEAO ;
    - si le parrain ainsi identifié n'est pas présent plus d'une fois sur la même liste ;
    - si le parrain n'est pas présent sur plus d'une liste ;

- si le candidat a atteint le nombre minimum de parrains requis au plan national ;
- si le candidat a atteint deux mille parrains par région et dans sept (7) régions ;
- si le parrain ne figure pas sur la liste des parrains chefs d'exécutif territorial d'un ou de plusieurs candidats ;
- si le parrain ne figure pas sur la liste des parrains députés d'un ou de plusieurs candidats.

Article 10.- Le contrôle du parrainage par les députés consiste à vérifier :

- le chiffre global de parrainages recueillis pour le confronter au chiffre de treize (13) députés fixé par arrêté du Ministre de l'Intérieur : si le nombre de treize (13) députés n'est pas atteint, il n'est pas procédé au traitement automatisé du fichier ;
- si le parrain est identifié sur la liste à jour des députés ;
- si le parrain ne figure pas plus d'une fois sur la même liste ;
- si le parrain ne figure pas sur plus d'une liste ;
- si le candidat a atteint le nombre de treize (13) députés requis au plan national ;
- si le parrain ne figure pas sur la liste des parrains citoyens d'un ou de plusieurs candidats ;
- si le parrain ne figure pas sur la liste des parrains chefs d'exécutif territorial d'un ou de plusieurs candidats.

Article 11.- Le contrôle du parrainage par les chefs d'exécutif territorial consiste à vérifier :

- le chiffre global de parrainages recueillis pour le confronter au chiffre de cent vingt (120) chefs d'exécutif territorial fixé par arrêté du Ministre de l'Intérieur : si le nombre n'atteint pas cent vingt (120) élus, il n'est pas procédé au traitement automatisé du fichier ;
- si le parrain est identifié sur la liste des chefs d'exécutif territorial (maires et présidents de conseil départemental) ;
- si le parrain ne figure pas plus d'une fois sur la même liste ;
- si le parrain ne figure pas sur plus d'une liste ;
- si le parrain ne figure pas sur la liste des parrains citoyens d'un ou de plusieurs candidats ;
- si le parrain ne figure pas sur la liste des parrains députés d'un ou de plusieurs candidats.

Article 12.- Les résultats de la vérification de la liste des parrainages du candidat font l'objet d'un procès-verbal signé par le président de la Commission et le chef du greffe. Ce dernier en délivre copie au représentant du candidat.

Article 13.- A l'issue de l'instruction des dossiers de parrainage, le Conseil constitutionnel procède au plus tard quarante-trois (43) jours avant le premier tour de scrutin, soit au plus tard le vendredi 12 janvier 2024, à la notification écrite, au mandataire concerné ou au représentant du candidat indépendant, de l'invalidité de son dossier pour cause de présence de parrains sur plus d'une liste (doublons externes), si ce fait a entraîné la non obtention du minimum de 44.231

électeurs inscrits au fichier et ou du minimum de deux mille (2000) électeurs par région, et dans au moins sept (7) régions, ou de treize (13) députés ou de cent vingt (120) chefs d'exécutif territorial.
Cette notification écrite indique au mandataire ou au représentant du candidat que ce dernier dispose d'un délai de quarante-huit (48) heures pour régulariser son dossier par le remplacement des parrainages invalidés pour cause de présence de parrains sur plus d'une liste.
Lors du dépôt des parrainages en vue de la régularisation, le chef du greffe remet au mandataire ou au représentant du candidat la convocation fixant la date du second contrôle des parrainages, contre accusé de réception.

Article 14.- Il est procédé au dépôt des parrainages en vue de la régularisation suivant les formalités prévues aux articles 2, 3, 4 et 7 alinéa premier de la présente décision.
Les opérations de contrôle sont faites conformément aux dispositions de l'article 8, alinéas 2 et 3, et des articles 9, 10, 11 et 12 ci-dessus.

Titre III : Du système automatisé de gestion des parrainages

Article 15.- Le contrôle des parrainages est réalisé avec un logiciel développé par le service informatique du Conseil constitutionnel.

Article 16.- Le système de gestion procède à la vérification des parrainages par candidat et par région. Son périmètre fonctionnel couvre successivement les traitements suivants :

- la vérification des données d'identification des parrains figurant sur la fiche de parrainage et leur rapprochement avec celles contenues dans le fichier général des électeurs et celui des élus ;
- le contrôle des doublons internes, à savoir la présence de parrains plus d'une fois sur une même liste ;
- le contrôle des doublons externes, à savoir la présence de parrains sur plus d'une liste ;
- la vérification du nombre de parrains par région ;
- l'édition du procès-verbal des résultats ;
- la vérification des parrainages déposés en vue de la régularisation ;
- l'édition des résultats des parrainages validés ;
- l'édition des résultats consolidés par candidat au niveau national ;
- l'édition des parrainages invalidés, classés en fonction de l'un des motifs suivants:
    - la non-conformité d'un élément d'identification figurant sur la fiche de parrainage à celui du fichier général ;
    - la présence de parrains plus d'une fois sur une même liste (doublons internes) ;
    - la présence de parrains sur plus d'une liste (doublons externes).

Article 17.- La présente décision sera publiée au *Journal officiel* de la République du Sénégal.

Délibéré par le Conseil constitutionnel en sa séance du 24 novembre 2023, où siégeaient Monsieur Mamadou Badio CAMARA, Madame Aminata Ly NDIAYE, Messieurs Mouhamadou DIAWARA, Youssoupha Diaw MBODJ, Madame Awa DIÈYE, Messieurs Cheikh NDIAYE et Cheikh Ahmed Tidiane COULIBALY,

Avec l'assistance de Maître Fatma NDIAYE, Chef du greffe par intérim.

En foi de quoi, la présente décision est signée par le Président, le Vice-président, les autres membres et le Chef du greffe par intérim.

Le Président

Le Vice-président

Mamadou Badio CAMARA

Aminata LY NDIAYE

Membre

Membre

Mouhamadou DIAWARA

Youssoupha Diaw MBODJ

Membre

Membre

Awa DIÈYE

Cheikh NDIAYE

Membre

Cheikh Ahmed Tidiane COULIBALY

Le Chef du greffe par intérim

Maître Fatma NDIAYE

RÉPUBLIQUE DU SÉNÉGAL
Un Peuple - Un But - Une Foi

DÉCISION

N° 2/E/2023

Portant désignation des membres de la Commission de Contrôle des Parrainages et fixant leurs attributions, droits et obligations

SÉANCE DU
12 décembre 2023

MATIÈRE : ÉLECTORALE

LE CONSEIL CONSTITUTIONNEL,

Vue la Constitution,

Vu la loi organique n° 2016-23 du 14 juillet 2016 relative au Conseil constitutionnel ;

Vu la loi n° 2021-35 du 23 juillet 2021 portant Code électoral, modifiée ; Vu le décret n° 2023-339 du 16 février 2023 portant fixation de la date de la prochaine élection présidentielle ;

Vu l'arrêté n° 032005 du 25 septembre 2023 du Ministre de l'Intérieur fixant le nombre d'électeurs et d'élus requis pour le parrainage d'un candidat, ainsi que les formats ct contenus des fiches dc collecte des parrainages, en vue de l'élection présidentielle du 25 février 2024 ; Vu la décision du Conseil constitutionnel n° 1/E/2023 du 24 novembre 2023 fixant les modalités de réception des dossiers de déclaration de candidature et les règles de fonctionnement de la Commission de Contrôle des Parrainages, en vue de l'élection présidentielle du 25 février 2024

Après en avoir délibéré conformément à la loi ;

DÉCIDE :

Titre Premier. - Composition de la Commission

Article premier. - La Commission de Contrôle des Parrainages, mise en place par le Conseil constitutionnel, est ainsi composé :

-Au titre des membres du Conseil constitutionnel :

Monsieur Mamadou Badio CAMARA, Président du Conseil constitutionnel, Président de la Commission .
Madame Aminata LY NDIAYE, Vice-président du Conseil constitutionnel, Vice-président de la Commission,.
Monsieur Mouhamadou DIAWARA, juge au Conseil constitutionnel ;
Monsieur Youssoupha Diaw MBODJ, juge au Conseil constitutionnel,.
Madame Awa DILIL, juge au Conseil constitutionnel,.
Monsieur Cheikh NDIAYE, juge au Conseil constitutionnel, . Monsieur Cheikh Ahmed Tidiane COULIBALY juge au Conseil constitutionnel,.

-Au titre du Greffe du Conseil constitutionnel :

Maître Ousmane BA, Chef du greffe, assisté de
Maître Fatma NDIAYE, greffière,.

-Au titre du personnel administratif et technique du Conseil constitutionnel :

Monsieur Madiena BAKHOUM DIALLO, magistrat, Directeur de Cabinet du Président du Conseil constitutionnel ;
Monsieur Cheikh Mbacké NDIAYE, magistrat, assistant au Conseil constitutionnel ;
Madame Elisabeth Ndew DIOUF NIANG, magistrat, assistante au Conseil constitutionnel,.
Monsieur Laïty SARR Chef du service administratif et financier du Conseil constitutionnel, .Monsieur Mamadou TOURÉ Chef du service informatique du Conseil constitutionnel,.
-Au titre de la Commission électorale nationale autonome (CENA) :
Madame Ndèye Rokhaya MBODJI, journaliste ;
Monsieur Mamadou Bocar NIANE, enseignant à la retraite, consultant électoral,

-Au titre des personnalités indépendantes :
Monsieur Bacre Waly NDIAYE, avocat, ancien secrétaire général du Conseil de l'Ordre
des avocats, membre fondateur et ancien Président de la section sénégalaise d 'Amnesty international ;.
Madame Coumba Sèye NDIAYE, avocate, ancien membre du Conseil de I 'Ordre des avocats,
Madame Aïda Diagne DIAWARA, notaire, Présidente de la Chambre des notaires du Sénégal ;
Monsieur Alassane SECK, informaticien, Président de la Ligue sénégalaise des Droits
de I 'Homme,.
-Au titre de l'Administration :
Monsieur Biram SÈNE, Directeur de la Formation et de la Communication à la Direction générale des Elections,.

Titre II.- Attributions des membres de la Commission

Article 2.- Le Président du Conseil constitutionnel préside les travaux et signe les procès-verbaux issus du contrôle des listes de parrainage. Il organise les débats lors des séances de travail de la Commission.

Les membres du Conseil constitutionnel constituent l'organe délibérant de la Commission ; ils procèdent, en tant que de besoin, à l'interprétation de la loi et prennent leurs décisions après consultation des autres membres de la Commission.

Article 3.- Le secrétariat de la Commission est assuré par le Chef du greffe du Conseil constitutionnel. Il contresigne les procès-verbaux des résultats du contrôle des parrainages, signés par le Président du Conseil constitutionnel, Président de la Commission.

Article 4.- Les membres désignés au titre du personnel administratif et technique, à l'exception du Chef du service informatique, assistent les membres du Conseil constitutionnel dans l'exercice de leurs attributions.

Article 5.- Le Chef du service informatique du Conseil constitutionnel met en place le dispositif informatique, en vue du contrôle des listes de parrainage des candidats et effectue le contrôle de ces listes de parrainage.

Il peut, dans l'exercice de ses attributions, s'adjoindre un personnel d'appui qui travaille sous sa direction.

Titre III : Droits et obligations des membres de la Commission
Article 6.- Les représentants de la Commission électorale nationale autonome (CENA), les personnalités indépendantes et le représentant de l'Administration ont la qualité d'observateurs. Ils ont voix consultative. Leurs observations éventuelles seront consignées dans le rapport final.

Article 7,- Les membres de la Commission sont tenus à l'obligation de réserve et d'intégrité.

Ils ne peuvent porter à la connaissance des tiers des faits et informations se rapportant aux travaux de la Commission.

Article 8.- Les membres de la Commission participent aux travaux durant toute la période de contrôle des dossiers de parrainage des candidats.

La Commission peut se réunir valablement si les 2/3 de ses membres sont présents. Titre IV : Dispositions finales

Article 9.- : À la fin des opérations de contrôle des dossiers de parrainage des candidats, la Commission est dissoute de plein droit.
Article 10.- : La présente décision sera publiée au Journal officiel de la République du Sénégal et partout où besoin sera.

Délibéré par le Conseil constitutionnel en sa séance du 12 décembre 2023, où siégeaient Monsieur Mamadou Badio CAMARA, Président, Madame Aminata Ly NDIAYE, Vice-président, Messieurs Mouhamadou DIAWARA, Youssoupha Diaw MBODJ, Madame Awa DIÈYE, Messieurs

Cheikh NDIAYE et Cheikh Ahmed Tidiane COULIBALY, membres.

Avec l'assistance de Maître Ousmane BA, Chef du greffe.

En foi de quoi, la présente décision est signée par le Président, le Vice-président, les autres membres et le Chef du greffe.

Le Président

Le Vice-président

Mamadou Badio CAMARA

Aminata LY NDIAYE

Membre

Membre

Mouhamadou DIAWARA

Membre

Youssoupha Diaw MBODJ

Membre

Awa DIÈYE

Membre

Cheikh NDIAYE

Cheikh Ahmed Tidiane COULIBALY

Le Chef du greffe par intérim

Maître Fatma NDIAYE

RÉPUBLIQUE DU SÉNÉGAL
Un peuple – un but – une foi

DÉCISION

N° 1/E/2024

AFFAIRE

N° 1/E/24

SÉANCE DU

12 janvier 2024

Décision arrêtant la liste des candidats à l'élection présidentielle du 25 février 2024

MATIÈRE ÉLECTORALE

LE CONSEIL CONSTITUTIONNEL,

Statuant en matière électorale, en vue d'arrêter et de publier la liste des candidats à l'élection présidentielle du 25 février 2024 ;
Vu la Constitution ;
Vu la loi organique n° 2016-23 du 14 juillet 2016 relative au Conseil constitutionnel ;
Vu le Code électoral ;
Vu le décret n° 2023-339 du 16 février 2023 portant fixation de la date de la prochaine élection présidentielle ;
Vu le décret n° 2023-2283 du 29 novembre 2023 portant convocation du corps électoral pour l'élection présidentielle du 25 février 2024 ;
Vu l'arrêté n° 032005 du 25 septembre 2023 du Ministre de l'Intérieur fixant le nombre d'électeurs et d'élus requis pour le parrainage d'un candidat, ainsi que les formats et contenus des fiches de collecte des parrainages, en vue de l'élection présidentielle du 25 février 2024 ;
Vu l'arrêté n° 032006 du 25 septembre 2023 fixant le montant de la caution pour l'élection présidentielle du 25 février 2023 et le nombre de documents de propagande pris en charge par l'Etat pour chaque candidat ;
Vu l'arrêté n° 035129 du 17 novembre 2023 fixant le modèle des formulaires qui composent le dossier de déclaration de candidature à l'élection présidentielle du 25 février 2024 ;
Vu la décision du Conseil constitutionnel n° 1/E/2023 du 24 novembre 2023 fixant les modalités de réception des dossiers de déclaration de candidature et les règles de fonctionnement de la Commission de Contrôle des Parrainages, en vue de l'élection présidentielle du 25 février 2024 ;
Vu la décision du Conseil constitutionnel n° 2/E/2023 du 12 décembre 2023 portant désignation des membres de la Commission de Contrôle des Parrainages et fixant leurs attributions, droits et obligations ;
Vu le procès-verbal de tirage au sort du 29 décembre 2023 déterminant l'ordre de contrôle des dossiers de parrainage ;
Vu les pièces produites et jointes aux déclarations de candidature ;
Le rapporteur ayant été entendu ;
Après en avoir délibéré conformément à la loi ;

1. Considérant que par actes reçus au greffe du Conseil constitutionnel, dans le délai légal, les mandataires des partis politiques, des coalitions de partis politiques, des entités regroupant des personnes indépendantes et les candidats indépendants ou leurs représentants ont déposé les déclarations de candidature de Boubacar CAMARA, Cheikh Hadjibou SOUMARÉ, Ousmane KANE, Ousmane SONKO, Amadou Aly KANE, Papa Heugène BARBIER, El Hadji Moustapha DIOUF, Abdoulaye SYLLA, Cheikh Tidiane GADIO, Mohamed Ben Omar Syn DIOP, Rose WARDINI, Cheikh Tidiane DIÈYE, Malick GUEYE, Mohamed El Habib TOUNKARA, Mary Teuw NIANE, Mamadou Sambou YATASSAYE, Déthié FALL, Assome Aminata DIATTA, Papa Macodou DIOUF, Samba NDIAYE, Mbacké SARR, Alioune SARR, Ibrahima Hamidou DÉME, Daouda NDIAYE, Cheikh Mamadou Abiboulaye DIÈYE, Oumar SYLLA, Cheikh Abdou MBACKÉ, Talla SYLLA, Jean Baptiste DIOUF, Idrissa SECK, Charles Emile Abdou CISS, Khadim DIOP, Aliou Mamadou DIA, Birima MANGARA, Amdy Diallo FALL, El Hadji Ibrahima MBOW, Ndiack LAKH, Serigne MBOUP, Papa Djibril FALL, Ibrahima DATT, Mouhamadou Lamine GUÈYE, Aliou LAM, Adama FAYE, Mouhamadou Madana KANE, Al Housseynou BA, Mamadou Lamine DIALLO, Mahammed Boun Abdallah DIONNE, Aliou CAMARA, Karim Meïssa WADE, Babacar DIOP, El Hadji Ibrahima SALL, Habib SY, El Hadji Malick GAKOU, Papa Momar NGOM, Thione NIANG, Aly Ngouille NDIAYE, Serigne Guèye DIOP, Assane KA, Mamadou DIOP, Souleymane Ndéné NDIAYE, Abdoul MBAYE, Sheikh Alassane SÉNE, Al Hassane Ould Aliou NIANG, Khalifa Ababacar SALL, Anta Babacar NGOM, Aminata TOURÉ, Alpha THIAM, Amadou BA, El Hadji Mamadou DIAO, Ibrahima Abou NGUETTE, Amadou SECK, Abdou Khadre SALL, Bassirou Diomaye Diakhar FAYE, El Hadji Abdourahmane DIOUF, Ndongo NDIAYE, Thierno CISSÉ, Hamidou THIAW, Ibrahima SALL, Cheikh DIENG, Mouhamadou Fadel KONÉ, Ibrahima CISSOKHO, Mamadou DIÈYE, Moussa DIOP, Bougane GUEYE, Mansour NDIAYE, Momar NDAO, Amadou LY, Iboun Taimiya SYLLA, Babacar NDIAYE, Thierno Alassane SALL, Amsatou SOW, Issa dit Sadio KANOUTÉ et Aissatou MBODJI ;

2. Considérant qu'il résulte des dispositions des articles 28 de la Constitution et L.57, alinéa premier du Code électoral, que tout candidat à l'élection présidentielle doit être électeur, être exclusivement de nationalité sénégalaise, jouir de ses droits civils et politiques, être âgé de trente-cinq ans au moins et de soixante-quinze ans au plus le jour du scrutin et savoir écrire, lire et parler couramment la langue officielle ;

3. Considérant, selon les dispositions de l'article 29, alinéas premier et 4 de la Constitution et de l'article L.57 du Code électoral, que les candidatures, qui doivent être présentées par un parti politique légalement constitué, une coalition de partis politiques légalement constitués, une entité regroupant des personnes indépendantes ou par un candidat indépendant, sont déposées au greffe du

Conseil constitutionnel soixante jours francs au moins et soixante-quinze jours francs au plus avant le premier tour du scrutin ;

4. Considérant que toute déclaration de candidature doit être conforme à l'article R. 76 du Code électoral et être établie conformément aux modèles prévus aux annexes de l'arrêté n° 035129 du 17 novembre 2023 fixant le modèle des formulaires qui composent le dossier de déclaration de candidature à l'élection présidentielle du 25 février 2024 ;

5. Considérant que la déclaration de candidature doit comporter les mentions prévues à l'article L.120 du Code électoral et être accompagnée des pièces énumérées à l'article L.121 du même Code, à savoir :
- un certificat de nationalité ;
- une photocopie légalisée de la carte d'identité biométrique CEDEAO faisant office de carte d'électeur ;
- un extrait de naissance datant de moins de six mois ;
- un bulletin n°3 du casier judiciaire datant de moins de trois mois ;
- une attestation par laquelle un parti politique légalement constitué, une coalition de partis politiques légalement constitués ou une entité regroupant des personnes indépendantes a investi l'intéressé en qualité de candidat ;
- la liste des électeurs ou des élus (députés, présidents de Conseil départemental et maires) ayant parrainé le candidat, présentée sur un fichier électronique et en support papier, conformément au modèle prévu à l'article L.57 du Code électoral ;
- une déclaration sur l'honneur par laquelle le candidat atteste que sa candidature est conforme aux dispositions des articles 4 et 28 de la Constitution, qu'il a exclusivement la nationalité sénégalaise et qu'il sait écrire, lire et parler couramment la langue officielle ;
- une déclaration sur l'honneur par laquelle le candidat atteste être en règle avec la législation fiscale du Sénégal ;
- une quittance confirmée par une attestation signée par le Directeur général de la Caisse des Dépôts et Consignations (CDC) attestant du dépôt du cautionnement prévu à l'article L.122 du Code électoral ;

6. Considérant que tout dossier incomplet à l'expiration du délai de dépôt fixé par l'article 29 de la Constitution, entraîne l'irrecevabilité de la candidature, en application de l'article L.121 précité ;

7. Considérant qu'en vertu de l'article L.120 alinéa 2 du Code électoral et de l'arrêté n° 032005 du 25 septembre 2023 du Ministre de l'Intérieur fixant le nombre d'électeurs et d'élus requis pour le parrainage d'un candidat, ainsi que les formats et contenus des fiches de collecte des parrainages, en vue de l'élection présidentielle du 25 février 2024, le nombre de parrainages validés doit être, pour le parrainage par les citoyens, égal à un minimum de 44.231 et ne pas dépasser

le maximum, soit 58.975 parrains inscrits au fichier général des électeurs, dont 2.000 électeurs au moins par région, dans au moins 7 régions ;

8. Considérant que pour le parrainage par les élus, l'arrêté précité fixe à 13 le nombre de députés et à 120 celui des chefs d'exécutif territorial ;

9. Considérant qu'en vertu des articles L.57 et L.126 du Code électoral, lorsque du fait de l'invalidation de parrainages en raison de la présence de parrains sur une ou plusieurs listes précédemment vérifiées, un candidat n'a pu obtenir le minimum requis d'électeurs inscrits au fichier général et/ou le minimum requis d'électeurs par région et dans au moins 7 régions, le Conseil constitutionnel notifie au candidat indépendant ou à son représentant ou au mandataire du parti politique, de la coalition de partis politiques ou de l'entité regroupant des personnes indépendantes, les dossiers déclarés invalides pour ce motif ; que cependant, cette notification n'est faite que si le remplacement de ces parrainages invalidés (doublons externes) permet au candidat concerné d'atteindre les minima exigés ;

10. Considérant qu'il résulte de la combinaison des articles 30 de la Constitution et L.126 du Code électoral que le Conseil constitutionnel arrête et publie la liste des candidats au plus tard trente-cinq (35) jours avant le scrutin, soit au plus tard le 20 janvier 2024 ;

11. Considérant qu'aux termes de l'article L.125 du Code électoral, pour s'assurer de la validité des candidatures déposées et du consentement des candidats, le Conseil constitutionnel fait procéder à toute vérification qu'il juge utile ;

12. Considérant que sur le fondement de l'article L.123 du Code électoral, le Conseil constitutionnel a pris les décisions n° 1/E/2023 fixant les modalités de réception des dossiers de déclaration de candidature et n° 2/E/2023 portant désignation des membres de la Commission de Contrôle des Parrainages et fixant leurs attributions, droits et obligations ;

13. Considérant que la Commission précitée a procédé au contrôle par traitement automatisé des fichiers de parrainage des candidats, présentés sur support électronique, consignés dans une enveloppe scellée, ouverte en présence du représentant du candidat qui en a reconnu l'intégrité ;

14. Considérant que le Conseil constitutionnel a examiné les autres pièces des dossiers ;

SUR LES RETRAITS DE CANDIDATURE :

15. Considérant que par lettres adressées au Président du Conseil constitutionnel, reçues au greffe les 29 décembre 2023 et 4 janvier 2024, les candidats El Hadji Ibrahima MBOW, Ndongo NDIAYE et Talla SYLLA ont déclaré retirer leur candidature à l'élection présidentielle du 25 février 2024 ; qu'il y a lieu de leur en donner acte ;

SUR LES DOSSIERS COMPORTANT DES FICHIERS DE PARRAINAGE INEXPLOITABLES :

16. Considérant qu'il résulte des vérifications auxquelles il a été procédé, conformément aux dispositions de l'article L.120 du Code électoral, que les fichiers électroniques contenant les parrainages des candidats Malick GUÈYE, Mamadou Sambou YATASSAYE, Oumar SYLLA, Charles Emile Abdou CISS, Mouhamadou Lamine GUÈYE, Adama FAYE, Mouhamadou Madana KANE, Thione NIANG et Mouhamadou Fadel KONE, ont été présentés sous un format différent de celui fourni par le Ministère de l'Intérieur et n'ont pu être traités par le dispositif informatique de contrôle des parrainages ; qu'en conséquence, leurs candidatures sont irrecevables ;

SUR LE DOSSIER DE CANDIDATURE COMPORTANT UNE FAUSSE LISTE DE PARRAINS DÉPUTÉS :

17. Considérant que le candidat Thierno CISSÉ a déposé une liste de parrains présentés comme étant des députés, alors qu'aucun d'eux ne figure sur la liste officielle des députés de la 14ème législature transmise par le Président de l'Assemblée nationale ; que sa candidature est irrecevable ;

SUR LES DOSSIERS DE CANDIDATURE INCOMPLETS :

18. Considérant que le candidat Ibrahima DATT n'a pas joint à sa déclaration de candidature l'extrait de son casier judiciaire, son extrait de naissance et la copie légalisée de sa carte d'identité biométrique CEDEAO faisant office de carte d'électeur ; que sa candidature est irrecevable ;

19. Considérant que les candidats Papa Heugène BARBIER, Mohamed El Habib TOUNKARA, Al Housseynou BA et Issa dit Sadio KANOUTÉ n'ont pas accompagné leur déclaration de candidature de l'attestation confirmant le versement de la caution et, au vu de leurs récépissés de dépôt, ont présenté un nombre de parrainages inférieur au minimum fixé par la loi ; que leurs candidatures sont irrecevables ;

20. Considérant que les candidats Ousmane SONKO, Amdy Diallo FALL, Assane KA, Ibrahima Abou NGUETTE, Abdou Khadre SALL, Mamadou DIÈYE et Moussa DIOP n'ont pas produit l'attestation confirmant le dépôt de la caution à la Caisse des Dépôts et Consignations ; que leurs candidatures sont irrecevables ;

21. Considérant que la candidate Amsatou SOW a produit au greffe du Conseil constitutionnel l'attestation confirmant le dépôt de sa caution à la Caisse des Dépôts et Consignations (CDC), le 29 décembre 2023, soit 72 heures après l'expiration du délai légal ; que sa candidature est irrecevable ;

SUR LES DOSSIERS DES CANDIDATS N'AYANT PAS OBTENU LE MINIMUM REQUIS DE PARRAINAGES ET N'ÉTANT PAS ADMIS A RÉGULARISER :

22. Considérant que les candidats Cheikh Hadjibou SOUMARÉ, Ousmane KANE, Amadou Aly KANE, Abdoulaye SYLLA, Cheikh Tidiane GADIO, Mohamed Ben Omar Syn DIOP, Mary Teuw NIANE, Assome Aminata DIATTA, Papa Macodou DIOUF, Samba NDIAYE, Mbacké SARR, Alioune SARR, Ibrahima Hamidou DEME, Cheikh Mamadou Abiboulaye DIÈYE, Cheikh Abdou MBACKÉ, Jean Baptiste DIOUF, Khadim DIOP, Birima MANGARA, Ndiack LAKH, Aliou LAM, Babacar DIOP, El Hadji Ibrahima SALL, Mamadou DIOP, Sheikh Alassane SÉNE, Al Hassane Ould Aliou NIANG, Alpha THIAM, Hamidou THIAW, Ibrahima SALL, Cheikh DIENG, Ibrahima CISSOKHO, Mansour NDIAYE, Momar NDAO, Iboun Taimiya SYLLA, Babacar NDIAYE et Aïssatou MBODJI, après contrôle, n'ont pas obtenu le minimum de parrains requis ; que le cumul de leurs doublons externes et de leurs parrainages validés ne pouvant leur permettre d'atteindre ce minimum, ils n'ont pas été admis à régulariser leurs parrainages ; que leurs candidatures sont irrecevables ;

SUR LES CANDIDATS ADMIS A RÉGULARISER LEURS PARRAINAGES INVALIDÉS :

23. Considérant que les candidats Aliou CAMARA, Pape Momar NGOM et Amadou SECK, admis à régulariser leurs parrainages invalidés sur le fondement de l'article L.126 alinéa 1 et 2 du Code électoral, n'ont pas déposé de dossier de régularisation dans le délai de 48 heures à compter de la notification par le chef du greffe ; qu'en conséquence, leurs candidatures sont irrecevables ;

24. Considérant que les candidats El Hadji Moustapha DIOUF, Serigne Guèye DIOP, Souleymane Ndéné NDIAYE, Abdoul MBAYE, Aminata TOURÉ, El Hadji Abdourahmane DIOUF, Bougane GUÈYE et Amadou LY, admis à régulariser leurs dossiers de parrainage, n'ont pas obtenu, après régularisation, le minimum requis de 44.231 parrains dont 2.000 électeurs au moins par région, dans au moins 7 régions ; que leurs candidatures sont irrecevables ;

SUR LES CANDIDATURES RECEVABLES :

25. Considérant que les déclarations de candidature de Boubacar CAMARA, Cheikh Tidiane DIÈYE, Déthié FALL, Daouda NDIAYE, Karim Meïssa WADE, Habib SY, Khalifa Ababacar SALL, Anta Babacar NGOM et Amadou BA, sont accompagnées d'une liste d'au moins 44.231 parrains, domiciliés dans au moins 7 régions, à raison de 2000 au moins par région, ou de 13 députés, ou de 120 chefs d'exécutif territorial, présentée sur fichier électronique et en support papier ;

26. Considérant que les candidats Rose WARDINI, Idrissa SECK, Aliou Mamadou DIA, Serigne MBOUP, Papa Djibril FALL, Mamadou Lamine DIALLO, Mahammed

Boun Abdallah DIONNE, El Hadji Malick GAKOU, Aly Ngouille NDIAYE, El Hadji Mamadou DIAO, Bassirou Diomaye Diakhar FAYE et Thierno Alassane SALL, après régularisation de leurs doublons externes, ont obtenu au moins 44.231 parrains domiciliés dans au moins 7 régions, à raison de 2000 au moins par région ;

27. Considérant que les dossiers de ces candidats sont accompagnés des pièces et mentions énumérées aux articles L.120 et 121 du Code électoral ; que leur examen n'a pas révélé d'irrégularités relatives aux conditions de fond prévues par les articles 28 et 29 de la Constitution ; que ces candidatures sont recevables ;

DÉCIDE :

Article premier. – Donne acte de leur retrait de candidature à :

1) El Hadji Ibrahima MBOW ;
2) Ndongo NDIAYE ;
3) Talla SYLLA.

Article 2. - Sont déclarées irrecevables les candidatures de :

1) Papa Heugène BARBIER ;
2) Mohamed El Habib TOUNKARA ;
3) Al Housseynou BA ;
4) Issa dit Sadio KANOUTÉ ;
5) Ousmane SONKO ;
6) Assane KA ;
7) Ibrahima Abou NGUETTE ;
8) Abdou Khadre SALL ;
9) Mamadou DIÈYE ;
10) Moussa DIOP ;
11) Amsatou SOW ;
12) Amdy Diallo FALL ;
13) Ibrahima DATT ;
14) Thierno CISSÉ ;
15) Malick GUÈYE ;
16) Mamadou Sambou YATASSAYE ;
17) Oumar SYLLA ;
18) Charles Emile Abdou CISS ;
19) Mouhamadou Lamine GUÈYE ;
20) Adama FAYE ;
21) Mouhamadou Madana KANE ;
22) Thione NIANG ;

23) Mouhamadou Fadel KONÈ.
24) Cheikh Hadjibou SOUMARÉ ;
25) Ousmane KANE ;
26) Amadou Aly KANE ;
27) Abdoulaye SYLLA ;
28) Cheikh Tidiane GADIO ;
29) Mohamed Ben Omar Syn DIOP;
30) Mary Teuw NIANE ;
31) Assome Aminata DIATTA ;
32) Papa Macodou DIOUF ;
33) Samba NDIAYE ;
34) Mbacké SARR ;
35) Alioune SARR ;
36) Ibrahima Hamidou DÉME ;
37) Cheikh Mamadou Abiboulaye DIÈYE ;
38) Cheikh Abdou MBACKÉ ;
39) Jean Baptiste DIOUF ;
40) Khadim DIOP ;
41) Birima MANGARA ;
42) Ndiack LAKH ;
43) Aliou LAM ;
44) Babacar DIOP ;
45) El Hadji Ibrahima SALL ;
46) Mamadou DIOP ;
47) Sheikh Alassane SÉNE ;
48) Al Hassane Ould Aliou NIANG;
49) Alpha THIAM ;
50) Hamidou THIAW ;
51) Ibrahima SALL ;
52) Cheikh DIENG ;
53) Ibrahima CISSOKHO ;
54) Mansour NDIAYE ;
55) Momar NDAO ;
56) Iboun Taimiya SYLLA ;
57) Babacar NDIAYE ;
58) Aissatou MBODJI ;
59) El Hadji Moustapha DIOUF ;
60) Aliou CAMARA ;
61) Papa Momar NGOM ;
62) Serigne Guèye DIOP ;
63) Souleymane Ndéné NDIAYE ;

64) Abdoul MBAYE ;
65) Aminata TOURÉ ;
66) Amadou SECK ;
67) El Hadji Abdourahmane DIOUF ;
68) Bougane GUÈYE ;
69) Amadou LY ;

Article 3. – La liste des candidats admis à se présenter à l'élection présidentielle du 25 février 2024 est arrêtée, dans l'ordre issu du tirage au sort, comme suit :

1) Boubacar CAMARA ;
2) Cheikh Tidiane DIÈYE ;
3) Déthié FALL ;
4) Daouda NDIAYE ;
5) Karim Meïssa WADE ;
6) Habib SY ;
7) Khalifa Ababacar SALL ;
8) Anta Babacar NGOM ;
9) Amadou BA.
10) Rose WARDINI ;
11) Idrissa SECK ;
12) Aliou Mamadou DIA ;
13) Serigne MBOUP ;
14) Papa Djibril FALL ;
15) Mamadou Lamine DIALLO ;
16) Mahammed Boun Abdallah DIONNE ;
17) El Hadji Malick GAKOU ;
18) Aly Ngouille NDIAYE ;
19) El Hadji Mamadou DIAO ;
20) Bassirou Diomaye Diakhar FAYE ;
21) Thierno Alassane SALL.

Article 4.- La présente décision sera affichée au Greffe du Conseil constitutionnel, publiée au *Journal officiel* de la République du Sénégal et partout où besoin sera.

Délibéré par le Conseil constitutionnel dans sa séance du 12 janvier 2024 où siégeaient Monsieur Mamadou Badio CAMARA, Président, Madame Aminata Ly NDIAYE, Vice-Président, Messieurs Mouhamadou DIAWARA, Youssoupha Diaw MBODJ, Madame Awa DIÈYE, Messieurs Cheikh NDIAYE et Cheikh Ahmed Tidiane COULIBALY, membres.

Avec l'assistance de Maître Ousmane BA, Chef du greffe.

En foi de quoi, la présente décision est signée par le Président, le Vice-président, les autres membres et le Chef du greffe.

Le Président

Mamadou Badio CAMARA

Le Vice-président

Aminata LY NDIAYE

Membre

Mouhamadou DIAWARA

Membre

Youssoupha Diaw MBODJ

Membre

Awa DIÈYE

Membre

Cheikh NDIAYE

Membre

Cheikh Ahmed Tidiane COULIBALY

Le Chef du greffe

Maître Ousmane BA

RÉPUBLIQUE DU SÉNÉGAL
Un peuple – un but – une foi

DÉCISION

N° 2/E/2024

AFFAIRES

N° 2 à 43/E/24

SÉANCE DU

20 janvier 2024

LISTE DES CANDIDATS À L'ÉLECTION PRÉSIDENTIELLE DU 25 FÉVRIER 2024

MATIÈRE ÉLECTORALE

LE CONSEIL CONSTITUTIONNEL,

Statuant en matière électorale, conformément aux articles 28 à 30 de la Constitution, à l'article 2 de la loi organique n° 2016-23 du 14 juillet 2016 relative au Conseil constitutionnel et aux articles L.28, L. 29, L. 30, L.57, L.120 à L. 127 du Code électoral ;

Vu la Constitution ;

Vu la loi organique n° 2016-23 du 14 juillet 2016 relative au Conseil constitutionnel ;

Vu le Code électoral ;

Vu le décret n° 2023-339 du 16 février 2023 portant fixation de la date de la prochaine élection présidentielle ;

Vu le décret n° 2023-2283 du 29 novembre 2023 portant convocation du corps électoral pour l'élection présidentielle du 25 février 2024 ;

Vu l'arrêté n° 032005 du 25 septembre 2023 du Ministre de l'Intérieur fixant le nombre d'électeurs et d'élus requis pour le parrainage d'un candidat, ainsi que les formats et contenus des fiches de collecte des parrainages, en vue de l'élection présidentielle du 25 février 2024 ;

Vu l'arrêté n° 032006 du 25 septembre 2023 fixant le montant de la caution pour l'élection présidentielle du 25 février 2024 et le nombre de documents de propagande pris en charge par l'Etat pour chaque candidat ;

Vu l'arrêté n° 035129 du 17 novembre 2023 fixant le modèle des formulaires qui composent le dossier de déclaration de candidature à l'élection présidentielle du 25 février 2024 ;

Vu la décision du Conseil constitutionnel n° 1/E/2023 du 24 novembre 2023 fixant les modalités de réception des dossiers de déclaration de candidature et les règles de fonctionnement de la Commission de Contrôle des Parrainages, en vue de l'élection présidentielle du 25 février 2024 ;

Vu la décision du Conseil constitutionnel n° 2/E/2023 du 12 décembre 2023 portant désignation des membres de la Commission de Contrôle des Parrainages et fixant leurs attributions, droits et obligations ;

Vu la décision du Conseil constitutionnel n°1/E/2024 du 12 janvier 2024 arrêtant et publiant la liste des candidats à l'élection présidentielle du 25 février 2024 ;

Vu le procès-verbal de tirage au sort du 29 décembre 2023 déterminant l'ordre de contrôle des dossiers de parrainage ;

Vu les pièces produites et jointes aux déclarations de candidature ;

Vu les requêtes en réclamation et les mémoires en réponse ;
Le rapporteur ayant été entendu ;
Après en avoir délibéré conformément à la loi ;

1. Considérant que par requêtes reçues les 15 et 16 janvier 2024 et enregistrées les mêmes jours au greffe du Conseil constitutionnel, 39 candidats à l'élection présidentielle du 25 février 2024 ont saisi le Conseil constitutionnel de réclamations dirigées contre la décision n°1/E/2024 du 12 janvier 2024 susvisée ;

2.Considérant que ces réclamations, introduites dans le délai légal, tendent toutes à remettre en cause la liste des candidats arrêtée par cette décision ; qu'il y a lieu, pour une bonne administration de la justice, d'en ordonner la jonction et de statuer par une seule et même décision ;

SUR LES FINS DE NON-RECEVOIR SOULEVÉES RESPECTIVEMENT PAR CHEIKH TIDIANE DIÈYE ET BASSIROU DIOMAYE DIAKHAR FAYE CONTRE LES REQUÊTES D'AMADOU BA :

3. Considérant que Cheikh Tidiane DIÈYE et Bassirou Diomaye Diakhar FAYE, par mémoires du 17 janvier 2024, soutiennent que les requêtes du candidat Amadou BA tendant à remettre en cause leur candidature sont irrecevables, au motif que ce dernier ne justifie d'aucun intérêt à agir, condition de recevabilité de toute action en justice ; qu'ils expliquent, en effet, que le requérant n'évoque aucun grief contre la décision et ne prouve pas pouvoir tirer un avantage quelconque d'un succès éventuel de sa requête ;

4. Considérant qu'il ressort des dispositions de l'article L.127, alinéa premier du Code électoral, que le droit de réclamation contre la liste des candidats est ouvert à tout candidat ;

5. Considérant qu'Amadou BA figure sur la liste des candidats admis à se présenter à l'élection présidentielle du 25 février 2024 ; que cette seule qualité lui confère le droit d'agir contre la liste des candidats ; qu'il convient de rejeter les fins de non-recevoir comme mal fondées et de déclarer les requêtes d'Amadou BA recevables ;

SUR LA FIN DE NON-RECEVOIR SOULEVEE PAR KARIM MEÏSSA WADE CONTRE LA REQUÊTE DE THIERNO ALASSANE SALL :

6. Considérant que par mémoire du 18 janvier 2024, Karim Meïssa WADE soutient que la requête de Thierno Alassane SALL tendant à remettre en cause sa candidature est irrecevable ; qu'il explique qu'aucune disposition légale ne prévoit le droit pour un candidat de contester la recevabilité de la candidature à l'élection présidentielle d'un autre candidat ; qu'il ajoute que les dispositions de l'article 92 de la Constitution prohibent toute voie de recours contre les décisions du Conseil constitutionnel ;

7. Considérant qu'en application de l'article 92 de la Constitution, les décisions du Conseil constitutionnel ne sont susceptibles d'aucune voie de recours ;

8. Considérant toutefois qu'il ressort des dispositions de l'article L.127, alinéa premier du Code électoral, que le droit de réclamation contre la liste des candidats est ouvert à tout candidat ; qu'en effet, tout candidat peut formuler une réclamation, pour lui-même ou contre un autre, à condition qu'elle ne tende pas à remettre en cause le raisonnement, la motivation et l'appréciation des faits par le Conseil constitutionnel statuant en matière électorale ; qu'il convient de rejeter la fin de non-recevoir comme mal fondée et de déclarer la requête recevable ;

SUR LES RÉCLAMATIONS IRRECEVABLES :

9. Considérant qu'en application de l'article L.127 précité, pour être recevable, la requête doit émaner du candidat ou de son représentant ; que lorsqu'elle est introduite par une personne autre que le candidat ou son représentant, elle doit être accompagnée d'un mandat donné par ledit candidat ;

10. Considérant que Cheikh Hadjibou SOUMARÈ, Cheikh Tidiane GADIO, Assome Aminata DIATTA, Alioune SARR, Babacar DIOP, Sheikh Alassane SÈNE, Cheikh DIENG, Bougane GUÈYE et Mansour NDIAYE, n'ont pas signé les lettres de réclamation déposées en leur nom au greffe ; que les réclamations ont été faites, non pas par lesdits candidats ou leurs représentants, mais par les mandataires des partis politiques, coalitions de partis politiques ou entités regroupant des personnes indépendantes les ayant investis ; que ces mandataires ne justifiant pas d'un pouvoir de représentation de ces candidats, il y a lieu, en application de l'article L.127 du Code électoral précité, de déclarer leurs requêtes irrecevables ;

11. Considérant qu'aucun dossier de déclaration de candidature au nom d'Abdoulaye Mady NDIAYE n'a été déposé au greffe du Conseil constitutionnel ; qu'Abdoulaye Mady NDIAYE n'ayant donc pas qualité à agir, sa requête est irrecevable ;

SUR LES RÉCLAMATIONS RECEVABLES :

12. Considérant que les requêtes des candidats Ousmane KANE, Ousmane SONKO, Abdoulaye SYLLA, Mohamed Ben Omar Syn DIOP, Mary Teuw NIANE, Mamadou Sambou YATASSAYE, Samba NDIAYE, Mbacké SARR, Cheikh Abdou MBACKÉ, Jean Baptiste DIOUF, Charles Emile Abdou CISS, Khadim DIOP, Birima MANGARA, Ibrahima DATT, Mouhamadou Lamine GUÈYE, Adama FAYE, Mouhamadou Madana KANE, Thione NIANG, Assane KA, Souleymane Ndéné NDIAYE, Aminata TOURÉ, Alpha THIAM, El Hadji Abdourahmane DIOUF, Mouhamadou Fadel KONÉ, Ibrahima CISSOKHO, Moussa DIOP, Amsatou SOW et Aissatou MBODJI sont recevables ;

13. Considérant que le candidat Ousmane KANE, à l'appui de sa réclamation, soutient qu'il a relevé des irrégularités concernant le fonctionnement du logiciel de contrôle des parrainages ; qu'en effet, explique-t-il, il existe un écart important entre le nombre de parrains mentionné sur le récépissé de dépôt délivré par le chef du greffe (53 500) et celui déterminé par le logiciel de contrôle (61 057) ; qu'il en conclut la nécessité pour la Commission de Contrôle des Parrainages, de procéder à une nouvelle vérification de ses listes de parrains ;

14. Considérant qu'il ressort du récépissé de dépôt de la déclaration de candidature établi par le greffe, que le cumul des parrainages accordés au candidat par région est de 61.057 parrains et non de 53.500 parrains, comme mentionné dans ledit récépissé; que l'erreur de calcul, qui n'a pu être décelée qu'au moment du contrôle, a été corrigée en faveur du candidat, avec son assentiment, d'où l'ajustement effectué en application de l'article L.120 du Code électoral ; qu'en outre, le candidat procède par de simples affirmations en soutenant que des parrainages ont été invalidés à tort ; que la requête est rejetée ;

15. Considérant que le candidat Ousmane SONKO, à l'appui de sa requête, soutient que l'absence de l'attestation confirmant le versement de sa caution, qui a motivé l'irrecevabilité de sa candidature, ne lui est pas imputable, mais résulte plutôt de défaillances de la Caisse des Dépôts et Consignations (CDC), qui a reçu son chèque certifié, lui a délivré une quittance le 30 novembre 2023 et refusé de lui remettre une attestation ;

16. Considérant que l'absence de l'attestation de versement de la caution et des fiches de parrainage est le résultat du refus des autorités administratives compétentes ; que s'il est vrai, que le dossier d'Ousmane SONKO ne contenait pas toutes les pièces exigées par la loi, il est tout aussi vrai que ce fait ne saurait lui être reproché, puisqu'il est indépendant de sa volonté ;

17. Considérant, cependant, que si le contrôle des parrainages et leur validité sont une condition nécessaire pour la recevabilité des candidatures, elle n'est pour autant pas suffisante ;

18. Considérant qu'aux termes de l'article L.125 du Code électoral, « pour s'assurer de la validité des candidatures déposées (...), le Conseil constitutionnel fait procéder à toute vérification qu'il juge utile » ; que par arrêt n°1 du 4 janvier 2024, transmis par la Cour suprême, celle-ci a rejeté le pourvoi d'Ousmane SONKO dirigé contre l'arrêt n° 137 du 8 mai 2023 rendu par la première chambre correctionnelle de la Cour d'Appel de Dakar, dans la procédure de diffamation qui l'opposait à Mame Mbaye Kan NIANG ; qu'il en résulte qu' Ousmane SONKO se trouve définitivement condamné à une peine d'emprisonnement de 6 mois avec sursis ; que cette condamnation le rend inéligible pour une durée de 5 ans, en application de l'article L.30 du Code électoral ; que la requête est rejetée ;

19. Considérant qu'Abdoulaye SYLLA, au soutien de sa requête, déclare qu'il a identifié « onze types d'anomalies majeures » qui lui ont été imputées par erreur pour un nombre total de 8.999 parrains, dont il sollicite « la restitution » ; qu'il requiert l'autorisation de procéder au remplacement de ses parrains invalidés pour cause de présence sur plus d'une liste ;

20. Considérant que les fichiers de tous les candidats ont été contrôlés par la Commission de Contrôle des Parrainages suivant le même dispositif et en vertu des mêmes règles ; qu'à l'issue du contrôle, une clé USB contenant les parrainages invalidés, classés par motif de rejet, a été remise à chaque candidat ou représentant de candidat ; que les seuls motifs de rejet retenus par la Commission sont ceux précédemment annoncés dans la décision n° 1/E/2023 précitée, à savoir la non identification du parrain au fichier général des électeurs, ou sa présence plus d'une fois sur la même liste ou encore sa présence sur une liste déjà vérifiée ; que c'est à tort qu'Abdoulaye SYLLA invoque des anomalies autres que celles ci-dessus précisées comme motifs de rejet de ses parrainages ; que la requête est rejetée ;

21. Considérant que le candidat Mouhamed Ben Syn DIOP, à l'appui de sa requête, expose que le résultat de la vérification de ses listes de parrainage fait état d'un nombre d'électeurs parrains « non identifiés au fichier général des électeurs », alors que ceux-ci sont détenteurs de cartes d'électeur, mais ne figuraient pas dans le fichier à cause de dysfonctionnements imputables à la Direction de l'Automatisation des Fichiers (DAF) ; qu'il sollicite en conséquence la réintégration de ses parrains déclarés « non identifiés » et la validation de son dossier de parrainage qui, selon lui, dépasse le seuil minimal requis ;

22. Considérant, d'une part, que le contrôle effectué par la Commission de Contrôle des Parrainages est fait sur la base du fichier général des électeurs fourni au Conseil constitutionnel le 24 novembre 2023 par les services du Ministère de l'Intérieur, seuls habilités à cet effet ; que, d'autre part, le rejet d'un parrain pour non identification au fichier général des électeurs ne signifie pas nécessairement que celui-ci n'est pas inscrit audit fichier ; que le contrôle automatisé exige une concordance parfaite des données transcrites sur la fiche de parrainage avec celles figurant sur le fichier général des électeurs ; qu'une transcription inexacte de l'un des éléments d'identification de l'électeur, en l'occurrence les prénoms, nom, numéro d'identification national, numéro de la carte d'électeur, circonscription électorale d'inscription ou date d'expiration de la carte nationale d'identité CEDEAO figurant sur la fiche de parrainage, entraîne l'impossibilité pour le dispositif informatique d'identifier le parrain dans le fichier général des électeurs ; que la requête est rejetée ;

23. Considérant que le candidat Mary Teuw NIANE, à l'appui de sa requête, déclare qu'il y a une différence entre le nombre de ses parrains au niveau national et par

région et le nombre sur la base duquel le contrôle a été effectué ; que s'agissant de la région de Diourbel, il ne dispose à ce jour d'aucune donnée comparative, dans la mesure où « le Chef du greffe n'a pas pris en compte dans ses mentions les chiffres avancés par le Conseil constitutionnel » ;

24. Considérant qu'il est manifeste comme relevant des mentions du récépissé de dépôt délivré par le Chef du greffe au mandataire du candidat, que le fichier électronique déposé par ledit mandataire comporte des anomalies consistant en des lignes non renseignées ou insuffisamment renseignées ; que ce fait explique la différence entre le nombre de parrains déposés et le nombre de parrains contrôlés ;

25. Considérant, en outre, que même si la région de Diourbel n'a pas été mentionnée sur le récépissé de dépôt, le nombre de parrains collectés dans cette région a été pris en compte dans le nombre total de parrains mentionné sur ledit récépissé ; que l'omission, qui a été réparée au moment du contrôle, n'a causé aucun préjudice au candidat ; que l'irrecevabilité de son dossier est due plutôt au fait que le cumul de ses parrainages validés et de ses doublons externes ne pouvait lui permettre d'atteindre le minimum requis ; que la requête est rejetée ;

26. Considérant que le candidat Mamadou Sambou YATASSAYE, à l'appui de sa requête, soutient que le contrôle du fichier électronique de ses parrainages a permis de constater 35 174 parrainages valides ne comprenant ni doublons internes, ni doublons externes ; que les régions de Diourbel et de Saint-Louis n'ont pas été contrôlées pour des raisons qu'il ignore ; qu'il sollicite en conséquence le réexamen de sa candidature ;

27. Considérant, contrairement aux affirmations du requérant, que le fichier électronique de ses parrains s'est révélé inexploitable, en raison de modifications constatées sur le format électronique remis par le Ministère de l'Intérieur ; que sa requête est rejetée ;

28. Considérant que le candidat Samba NDIAYE, à l'appui de sa requête, explique que la mention des prénoms et nom de ses parrains sur une même colonne de la fiche électronique de parrainage l'ayant empêché d'obtenir le minimum requis, il sollicite un délai afin de compléter ses parrainages ;

29. Considérant que Samba NDIAYE reconnaît qu'il a mal renseigné la fiche électronique de collecte de ses parrains, en transcrivant les prénoms et nom sous une même rubrique, laissant vide la colonne dédiée aux noms ; que ce fait, qui lui est imputable, a entraîné l'impossibilité pour le dispositif informatique de contrôle d'identifier et de décompter ses parrains ; qu'en conséquence, le candidat n'ayant obtenu ni le minimum de parrains requis, ni le nombre de doublons externes pouvant autoriser une régularisation, sa requête est rejetée ;

30. Considérant que le candidat Mbacké SARR, au soutien de sa requête, fait valoir qu'au regard du procès-verbal de contrôle, 20 618 de ses parrains seraient absents du fichier général des électeurs, alors que ceux-ci disposent de leur carte d'électeur ; qu'en outre, selon lui, les 1803 doublons internes qui lui sont imputés « ne reflètent point les données contenues dans son système fiable et contrôlé » ;

31. Considérant, d'une part, que le rejet d'un parrain sous la mention « non identifié au fichier général » ne signifie pas nécessairement que celui-ci n'est pas inscrit audit fichier ; que le contrôle automatisé exige une concordance parfaite des données transcrites sur la fiche de parrainage avec celles figurant sur le fichier général des électeurs ; qu'une transcription inexacte de l'un des éléments d'identification de l'électeur, en l'occurrence les prénoms, nom, numéro d'identification national, numéro de la carte d'électeur, circonscription électorale d'inscription ou date d'expiration de la carte nationale d'identité CEDEAO figurant sur la fiche de parrainage, entraîne l'impossibilité pour le dispositif informatique d'identifier le parrain dans le fichier général ; que, d'autre part, la Commission de contrôle a remis au mandataire du candidat une clé USB identifiant les 1803 doublons internes qu'il conteste ; que la requête est rejetée ;

32. Considérant que le candidat Cheikh Abdou MBACKE sollicite le réexamen de ses parrainages électroniques ou un contrôle physique car, soutient-il, « seule la date d'expiration peut invalider définitivement un parrain » ;

33. Considérant que Cheikh Abdou MBACKE n'allègue aucun fait au soutien de sa requête ; que le moyen doit être rejeté ;

34. Considérant que le candidat Jean Baptiste DIOUF, au soutien de sa requête, explique que la vérification de ses parrainages a révélé un nombre de parrains supérieur à celui déposé ; qu'en outre, les résultats du contrôle de ses parrainages indiquent un nombre de 9434 parrains non-inscrits au fichier général, alors que ces derniers possèdent des cartes d'électeur ; qu'ainsi, il sollicite la régularisation de ses parrainages invalidés « en raison d'erreurs matérielles » ;

35. Considérant que lors du contrôle de ses parrainages, un certain nombre de parrains, qui n'avaient pas été décomptés dans le récépissé de dépôt du greffe, a été comptabilisé ; que cet ajustement à la hausse est en faveur du candidat et ne lui a causé aucun préjudice ; qu'il s'y ajoute que le rejet d'un parrain sous la mention « non identifié au fichier général » ne signifie pas nécessairement que celui-ci n'est pas inscrit audit fichier ; que le contrôle automatisé exige une concordance parfaite des données transcrites sur la fiche de parrainage avec celles figurant sur le fichier général des électeurs ; qu'une transcription inexacte de l'un des éléments d'identification de l'électeur, en l'occurrence les prénoms, nom, numéro d'identification national, numéro de la carte d'électeur, circonscription électorale d'inscription ou date d'expiration de la carte nationale d'identité CEDEAO

figurant sur la fiche de parrainage, entraîne l'impossibilité pour le dispositif informatique d'identifier le parrain dans le fichier général des électeurs ; que la requête est rejetée ;

36. Considérant que le candidat Charles Emile Abdou CISS, à l'appui de sa requête, soutient que les modifications constatées sur le fichier électronique contenant ses parrains « sont le fait de manipulations de l'informaticien du Conseil constitutionnel chargé d'opérer le contrôle » ; que dès lors, ce fait ne lui étant pas imputable, il sollicite d'être rétabli dans ses droits ;

37. Considérant que la visualisation sommaire du fichier électronique des parrainages, faite au greffe lors du dépôt, ne permet de relever que les vices ou manquements apparents ; qu'il s'y ajoute que ledit fichier, consigné sous scellé au greffe, n'a été ouvert que lors du contrôle, après que l'intégrité dudit scellé a été constatée et reconnue par le représentant du candidat, également présent ; que les modifications opérées, notamment sur les numéros d'ordre, rendant impossible le traitement automatisé du fichier électronique, ne peuvent être imputées à l'informaticien du Conseil constitutionnel ; que la requête est rejetée ;

38. Considérant que le candidat Khadim DIOP, au soutien de sa requête, fait valoir que le contrôle de ses parrainages, effectué en partie hors la vue de son représentant, ne répond pas aux « principes d'équité, de transparence et de sincérité inhérents à tout processus électoral libre et démocratique » et sollicite en conséquence la validation de sa candidature ;

39. Considérant, contrairement aux dires du candidat, que la Commission a procédé au contrôle des parrainages en présence de son représentant Modou Makhtar DIOP, assisté de son informaticien Ibra Thioro FALL ; que ces derniers qui ont suivi tout le processus de contrôle sur écran n'ont fait aucune observation sur le déroulement dudit processus ; que c'est à tort que le candidat qui, du reste, procède par de simples allégations, remet en cause les résultats du contrôle ; que sa requête est rejetée ;

40. Considérant que le candidat Birima MANGARA, à l'appui de sa requête, explique qu'il a obtenu, à la suite du contrôle, 21 030 parrains non identifiés et 11 244 doublons externes, alors que ces parrains détiennent des pièces d'identité valides et sont électeurs ; qu'il demande à être rétabli dans ses droits et à être autorisé à remplacer ses doublons externes, tout en sollicitant un nouvel examen de ses parrainages ;

41. Considérant que le rejet d'un parrain sous la mention « non identifié au fichier général » ne signifie pas nécessairement que celui-ci n'est pas inscrit audit fichier ; que le contrôle automatisé exige une concordance parfaite des données transcrites sur la fiche de parrainage avec celles figurant sur le fichier général des électeurs ; qu'une transcription inexacte de l'un des éléments d'identification de l'électeur, en

l'occurrence les prénoms, nom, numéro d'identification national, numéro de la carte d'électeur, circonscription électorale d'inscription ou date d'expiration de la carte nationale d'identité CEDEAO figurant sur la fiche de parrainage, entraîne l'impossibilité pour le dispositif informatique d'identifier le parrain dans le fichier général des électeurs ; qu'en outre, la notion de doublon externe ne se définit pas en fonction de la présence du parrain sur le fichier général des électeurs, mais résulte plutôt du fait qu'il figure sur une ou plusieurs fiches de parrainages précédemment vérifiées ; que la requête est rejetée ;

42. Considérant que le candidat Ibrahima DATT, à l'appui de sa requête, prétend que c'est à tort que sa candidature a été déclarée irrecevable parce qu'incomplète, alors qu'à la date du 22 décembre 2023, son mandataire a déposé, en guise de complément de dossier, un extrait de naissance, un certificat de bonne vie et mœurs, un casier judiciaire et une copie de sa carte nationale d'identité ;

43. Considérant qu'il résulte du récépissé de dépôt de déclaration de candidature délivré au mandataire le 26 décembre 2023 et portant la signature dudit mandataire et celle du chef du greffe, qu'à cette date, dernier jour du délai de dépôt, la déclaration de candidature d'Ibrahima DATT n'était pas accompagnée d'un bulletin n° 3 du casier judiciaire datant de moins de 3 mois, d'un extrait d'acte de naissance datant de moins de 6 mois et d'une copie légalisée de la carte d'identité biométrique CEDEAO faisant office de carte d'électeur ; que c'est à tort que le candidat soutient avoir fait déposer, le 22 décembre 2023, un complément de dossier ; que la requête est rejetée ;

44. Considérant que le candidat Mouhamadou Lamine GUEYE, à l'appui de sa requête, soutient que c'est à tort que le Conseil constitutionnel a déclaré sa candidature irrecevable, au motif que son fichier électronique de parrainage est inexploitable, alors que ledit motif n'est prévu ni par le Code électoral ni par la décision n° 1/E/2023 précitée ; qu'il n'a été relevé aucun vice sur le récépissé de dépôt délivré par le chef du greffe ;

45. Considérant que le caractère inexploitable du fichier électronique procède de la modification dudit fichier, alors que celui-ci doit être conforme aux dispositions de l'arrêté n° 032005 du 25 septembre 2023 du Ministre de l'Intérieur fixant le nombre d'électeurs et d'élus requis pour le parrainage d'un candidat, ainsi que les formats et contenus des fiches de collecte des parrainages, en vue de l'élection présidentielle du 25 février 2024 ; que par ailleurs, la visualisation sommaire du contenu de la clé au moment du dépôt au greffe ne révèle que les vices apparents, seule l'exploitation des données contenues dans la clé, au moment du contrôle, permettant de déceler les vices cachés ; que la requête est rejetée ;

46. Considérant que le candidat Adama FAYE, à l'appui de sa requête, prétend que le contrôle de ses parrainages a été interrompu du fait que l'informaticien du

Conseil constitutionnel a jugé sa clé USB inexploitable ; qu'il ajoute qu'il a respecté le format défini par le Ministère de l'Intérieur mais que, par le seul fait que sa fiche de parrainage de la région de Dakar a dépassé le maximum de 10 000 parrains, et que le bas de page s'est déplacé de trois lignes, la Commission a jugé sa clé inexploitable ; qu'il sollicite la validation de sa candidature ;

47. Considérant que le requérant reconnaît avoir modifié sa fiche de collecte des parrainages en la prolongeant au-delà des 10 000 lignes prévues ; que le caractère inexploitable du fichier électronique procède de cette modification, le fichier devant, pour être adapté au dispositif informatique de contrôle, être conforme aux dispositions de l'arrêté n° 032005 du 25 septembre 2023 du Ministre de l'Intérieur fixant le nombre d'électeurs et d'élus requis pour le parrainage d'un candidat, ainsi que les formats et contenus des fiches de collecte des parrainages, en vue de l'élection présidentielle du 25 février 2024 ; que la requête est rejetée ;

48. Considérant que le candidat Mouhamadou Madana KANE, à l'appui de sa requête, fait valoir qu'il s'est conformé à l'arrêté 032005 du 25 septembre 2023 précité, qui ne fixait comme obligation aux candidats que de présenter la fiche de collecte des parrainages sous format Excel, sans aucune orientation sur la manière de remplir les différentes rubriques ; que dès lors, en l'absence de la preuve que les modifications apportées au format électronique de ses fichiers relève de son fait, c'est à tort que leur inadéquation avec le dispositif informatique de contrôle mis en place au Conseil constitutionnel, dont il n'a pas eu connaissance, lui est imputée ; qu'il sollicite en conséquence son intégration à la liste des candidats admis à se présenter à l'élection présidentielle ;

49. Considérant que le requérant ne conteste pas le caractère inexploitable du fichier électronique qu'il a produit ; que ce fichier, consigné sous scellé au greffe du Conseil constitutionnel, n'a été ouvert qu'au moment du contrôle effectué par la Commission de Contrôle des Parrainages, après que l'intégrité dudit scellé a été constatée et reconnue par son représentant Abdourahmane WONE, assisté de son informaticien Mamadou TOURE ; que sa requête est rejetée ;

50. Considérant que le candidat THIONE NIANG, à l'appui de sa requête, soutient que si le contenu de sa clé USB avait fait l'objet de modifications, comme l'a affirmé le Conseil dans sa décision n° 1/E/2024 du 12 janvier 2024 précitée, elle n'aurait pu être ouverte au moment du dépôt et les parrains n'auraient pu être décomptés et mentionnés dans le récépissé délivré par le chef du greffe ; que dès lors, en l'absence de tout vice constaté au moment du dépôt sur ledit fichier, il sollicite que son nom soit intégré à la liste des candidats retenus pour l'élection présidentielle du 25 février 2024 ;

51. Considérant d'une part, que le fichier du candidat, consigné sous scellé au greffe du Conseil constitutionnel, n'a été ouvert que lors du contrôle des

parrainages par la Commission, après que l'intégrité dudit scellé a été constatée et reconnue par son représentant, Youssoupha DIALLO, assisté de son informaticien Carlos Irène ENAGNON ; que d'autre part, la visualisation sommaire du contenu de la clé au moment du dépôt ne révèle que les vices apparents, seule l'exploitation de la clé permettant d'en déceler les vices cachés ;

52. Considérant que THIONE NIANG reconnaît dans sa requête l'existence de caractères spéciaux figurant sur son fichier et constatée par la Commission de Contrôle des Parrainages, en présence de son représentant qui a admis ce fait ; que lesdits caractères ont rendu impossible le contrôle automatisé du contenu de sa clé par le dispositif informatique ; que sa requête est rejetée ;

53. Considérant que le candidat Assane KA, à l'appui de sa requête, fait valoir que le caractère incomplet de son dossier ne relève pas de son fait, puisque son chèque a été déposé le 26 décembre 2023 à la Caisse des Dépôts et Consignations (CDC) ; que « l'absence du seul signataire aux heures d'ouverture de la CDC a été la seule et unique cause de la réception tardive de son attestation qui est datée du 28 décembre 2023 » ; qu'il sollicite l'indulgence du Conseil constitutionnel, afin de pouvoir participer à l'élection présidentielle du 25 février 2024 ;

54. Considérant que l'article L.121 alinéa 2 du Code électoral dispose : « Tout dossier incomplet, à l'expiration des délais de dépôt fixés par l'article 29 de la Constitution entraîne l'irrecevabilité de la candidature » ;

55. Considérant que le requérant reconnaît qu'à la date d'expiration du délai de dépôt des déclarations de candidature, à savoir le 26 décembre 2023 à minuit, son dossier ne comportait pas l'attestation confirmant le versement de la caution à la CDC ; que sa requête est rejetée ;

56. Considérant que le candidat Souleymane Ndéné NDIAYE, à l'appui de sa requête, prétend que l'exploitation de la clé USB a mis en évidence une interversion du format des dates d'expiration des cartes nationales d'identité (CNI) de ses parrains ; qu'en effet, selon lui, les dates sont présentées en mois, jours et an et non en jours, mois et an, ce qui a entraîné le rejet de 5928 parrainages, lesquels, ajoutés au nombre de ses 40 173 parrainages validés, lui auraient permis d'atteindre le minimum requis par la loi ;

57. Considérant que le fichier du candidat, consigné sous scellé au greffe du Conseil constitutionnel, n'a été ouvert que lors de la vérification effectuée par la Commission de Contrôle des Parrainages, après que l'intégrité dudit scellé a été constatée et reconnue par son représentant, Kaly NIANG, assisté de son informaticien Babacar SEYE ; que cette transparence exclut toute manipulation des données ; que les anomalies que le candidat allègue, sans les établir, ne sauraient procéder d'une manipulation informatique, dès lors qu'elles ne concerneraient,

d'après ses dires, qu'une partie des dates d'expiration des cartes nationales d'identité (CNI) de ses parrains ; que la requête est rejetée ;

58. Considérant que la candidate Aminata TOURE, à l'appui de sa requête, affirme que lors du contrôle de ses parrainages, 3386 parrains de la région de Saint-Louis n'ont pas été pris en compte et que 13 386 autres parrains ont été déclarés non identifiés au fichier général des électeurs, alors qu'elle a la « certitude que ces parrains figurent tous dans le fichier électoral de 2022 » ;

59. Considérant que le contrôle effectué par la Commission a révélé que l'entête de la fiche de collecte de parrainages, présentée comme étant celle de la région de Saint-Louis, était vide ; que Sidy FALL, représentant de la candidate Aminata TOURE, présent au contrôle, assisté de son informaticien Birame CISSE, a reconnu ce fait ; que cette anomalie a rendu impossible l'identification de la région concernée et, par conséquent, le traitement de ladite fiche par le dispositif informatique de contrôle ; qu'il n'appartient pas à la Commission de Contrôle des Parrainages de pallier les carences constatées sur les fiches de collecte des parrainages ; qu'en tout état de cause, même le rajout sans contrôle de ses 3386 parrainages de la région de Saint-Louis aux 25 251 parrainages validés lors du premier contrôle ne lui aurait permis que d'être autorisée à régulariser ses doublons externes, ce qui a été le cas ; que sur les 19 800 parrainages déposés en vue de la régularisation, répartis sur les 14 régions dont 2408 pour Saint-Louis, 13569 ont été validés, ce qui porte le total de parrainages validés à 38 820, soit moins du minimum requis de 44 231 parrains ;

60. Considérant, en outre, que le rejet d'un parrain sous la mention « non identifié au fichier général » ne signifie pas nécessairement que celui-ci n'est pas inscrit audit fichier ; que le contrôle automatisé exige une concordance parfaite des données transcrites sur la fiche de parrainage avec celles figurant sur le fichier général des électeurs ; qu'une transcription inexacte de l'un des éléments d'identification de l'électeur, en l'occurrence les prénoms, nom, numéro d'identification national, numéro de la carte d'électeur, circonscription électorale d'inscription ou date d'expiration de la carte nationale d'identité CEDEAO figurant sur la fiche de parrainage, entraîne l'impossibilité pour le dispositif informatique d'identifier le parrain sur le fichier général des électeurs ; que la requête d'Aminata TOURÉ est rejetée ;

61. Considérant que le candidat Alpha THIAM, à l'appui de sa requête, soutient que « la date d'expiration relevée sur ses fiches de parrainage et la date du fichier général des électeurs sont identiques sur toutes les lignes à un ou deux jours près » ; qu'il sollicite l'autorisation de remplacer ses 6312 doublons externes ;

62. Considérant que la date d'expiration des CNI des parrains constitue l'élément d'identification complémentaire à propos duquel toute erreur entraîne l'invalidation

du parrainage ; qu'en outre, au sens de l'article L.126 du Code électoral, la régularisation n'est autorisée que pour les candidats dont le cumul des doublons externes et des parrainages validés permet d'atteindre les minima requis par la loi, ce qui n'est pas son cas ; que la requête est rejetée ;

63. Considérant que le candidat El Hadji Abdourahmane DIOUF, à l'appui de sa requête, fait valoir que l'exploitation du procès-verbal de ses résultats de parrainage a permis de constater des anomalies du dispositif informatique ; qu'il explique que le fichier de parrainage qu'il a déposé a été altéré et sa configuration changée après sa conversion par le dispositif informatique de la Commission de Contrôle des Parrainages ; qu'il sollicite un autre contrôle de son dossier de parrainage ;

64. Considérant que le fichier du candidat, consigné sous scellé au greffe du Conseil constitutionnel, n'a été ouvert que lors de la vérification effectuée par la Commission de Contrôle des Parrainages, après que l'intégrité du scellé a été constatée et reconnue par son représentant Amadou SOW, assisté de son informaticien Babacar SEYE ; que cette transparence exclut toute manipulation des données ; que les anomalies que le candidat allègue sans preuve, ne sauraient procéder d'une manipulation informatique ; que sa requête est rejetée ;

65. Considérant que le candidat Mouhamadou Fadel KONE, à l'appui de sa requête, affirme que son fichier électronique de parrainage n'a pas été contrôlé, au motif qu'il est inexploitable, alors qu'il n'a été relevé, lors du dépôt, aucun vice, la clé USB ayant pu être ouverte et les parrains recensés ; que les modifications relevées sur le format du fichier électronique lors du contrôle de ses parrainages n'étant en conséquence pas de son fait, il sollicite son intégration dans la liste des candidats admis à participer à l'élection présidentielle ;

66. Considérant que le fichier du candidat, consigné sous scellé au greffe du Conseil constitutionnel, n'a été ouvert que lors de la vérification effectuée par la Commission de Contrôle des Parrainages, après que l'intégrité du scellé a été constatée et reconnue par son représentant, Claude Michel SAGNA, assisté de son informaticien Fiacre SINA ; qu'il s'y ajoute que la visualisation sommaire du contenu de la clé au moment du dépôt ne révèle que les vices apparents ; que l'exploitation de la clé, lors du contrôle, a permis de constater que les modifications faites sur le format du fichier électronique l'ont rendu incompatible avec le dispositif de contrôle des parrainages, paramétré en conformité avec l'arrêté n°032005 du 25 septembre 2023 du Ministre de l'Intérieur fixant les formats et contenus des fiches de collecte des parrainages, en vue de l'élection présidentielle du 25 février 2024 ; que la requête est rejetée ;

67. Considérant que le candidat Ibrahima CISSOKHO, à l'appui de sa requête, soutient qu'il n'a pas obtenu le minimum de parrains requis en raison du fait que

ses parrainages dans la région de Sédhiou n'ont pas été pris en compte pour absence de renseignements sur l'entête de la fiche de collecte, alors qu'il était bien indiqué en bas de page que ces parrainages concernaient cette région ;

68. Considérant que le candidat reconnaît que l'entête de la fiche de collecte de ses parrainages dans la région de Sédhiou n'est pas renseignée ; que cette anomalie a rendu impossible l'identification de ladite région par le dispositif de contrôle automatisé ; qu'il n'appartient pas à la Commission de Contrôle des Parrainages de pallier les carences constatées sur les fiches de collecte des parrainages ; que la requête est rejetée ;

69. Considérant que le candidat Moussa DIOP, actuellement en détention provisoire, soutient à l'appui de sa requête, qu'il n'a pu produire l'attestation confirmant le versement de la caution, en raison du refus du Procureur de la République de donner suite à la procuration qu'il avait établie au profit de son mandataire, agissant à son nom et pour son compte, sa situation carcérale ne lui ayant pas permis d'y procéder personnellement ;

70. Considérant que la lecture du procès-verbal de constat d'huissier en date du 28 décembre 2023, qu'il a versé dans son dossier, n'établit pas la véracité de ses dires ;

71. Considérant surtout que l'article L.121 alinéa 2 du Code électoral dispose : « Tout dossier incomplet, à l'expiration des délais de dépôt fixés par l'article 29 de la Constitution entraîne l'irrecevabilité de la candidature » ; que le dossier du candidat étant incomplet, sa requête est rejetée ;

72. Considérant que la candidate Amsatou SOW, à l'appui de sa requête, soutient que du fait de la perte de l'attestation confirmant le versement de la caution, qui lui a été délivrée par la Caisse des Dépôts et Consignations (CDC), elle n'a pu déposer cette pièce dans le délai légal ;

73. Considérant que la candidate déclare dans sa réclamation que son mandataire « s'est présenté au Conseil constitutionnel le 26 décembre 2023 et a été reçu au greffe dans la nuit du 27 au 28 décembre 2023 ; sur place, le mandataire s'est aperçu que les documents relatifs à la caution étaient manquants et s'est engagé à produire le chèque de banque, le quitus et l'attestation de versement » ;

74. Considérant que l'article L.121 alinéa 2 du Code électoral dispose : « Tout dossier incomplet, à l'expiration des délais de dépôt fixés par l'article 29 de la Constitution entraîne l'irrecevabilité de la candidature » ; que son dossier étant incomplet à la date du 26 décembre 2023, sa requête est rejetée ;

75. Considérant que la candidate Aïssatou MBODJI, à l'appui de sa requête, explique que le fichier général des électeurs utilisé par le Conseil constitutionnel n'est pas à jour, dans la mesure où 80 % de ses parrainages rejetés concernent

« les primo votants » ; qu'elle ajoute qu'il y a une défaillance technique du système informatique qui a entraîné des rejets injustifiés de parrainages ; qu'elle demande à être rétablie dans ses droits ;

76. Considérant, d'une part, que la vérification effectuée par la Commission de Contrôle des Parrainages est faite sur la base du fichier général des électeurs fourni au Conseil constitutionnel le 24 novembre 2023 par les services du Ministère de l'Intérieur, seuls habilités à cet effet ; que d'autre part, la candidate procède par de simples affirmations lorsqu'elle soutient que seuls les parrainages des primo votants ont fait l'objet de rejets ; qu'en effet, les parrainages de tous les candidats ont été contrôlés par la Commission de Contrôle des Parrainages suivant le même dispositif et en vertu des mêmes règles ; qu'à l'issue du contrôle, une clé USB contenant les parrainages invalidés, classés par motif de rejet, a été remise au candidat ou à son représentant ; que les seuls motifs de rejet retenus par la Commission sont ceux précédemment annoncés dans la décision n° 1/E/2023 précitée, à savoir la non identification du parrain au fichier général des électeurs, ou sa présence plus d'une fois sur la même liste ou encore sa présence sur une liste déjà vérifiée ; que c'est à tort qu'Aïssatou MBODJI invoque des anomalies autres que celles ci-dessus précisées comme motifs de rejet de ses parrainages ; que sa requête est rejetée ;

77. Considérant que le candidat Amadou BA, à l'appui de sa requête, soutient que le candidat Bassirou Diomaye Diakhar FAYE appartient à une entité politique dissoute et ne peut plus, en conséquence exercer les droits attachés à la qualité de membre d'un parti politique, conformément aux dispositions de l'article 821 du Code des Obligations civiles et commerciales ; qu'il ajoute que Bassirou Diomaye Diakhar FAYE, eu égard à son statut de personne en détention provisoire, ne peut, en application des dispositions de l'article 241 du décret n° 2001-362 du 4 mai 2001 relatives aux procédures d'exécution et d'aménagement des sanctions pénales, déposer sa déclaration de candidature que par le truchement de l'administration pénitentiaire ; qu'il ajoute que la coalition « DIOMAYE PRESIDENT » est irrégulière, car elle utilise les couleurs du parti PASTEF dissous ; qu'au surplus, Bassirou Diomaye Diakhar FAYE n'est pas membre des partis composant la coalition qui porte sa candidature ;

78. Considérant que par mémoire en réponse, Bassirou Diomaye Diakhar FAYE soutient qu'en application des articles 28 et 29 de la Constitution, L.120, L.121 et L.125 du Code électoral, les griefs soulevés par Amadou BA contre sa candidature, ont tous été examinés dans la décision du Conseil constitutionnel arrêtant la liste des candidats et doivent être rejetés ; qu'il ajoute que le champ d'application de l'article 1er de la loi 81-17 du 6 mai 1981 relative aux partis politiques est expressément circonscrit aux articles 812 à 814 du COCC ; que les pièces qu'il a produites remplissent toutes les conditions nécessaires, d'autant plus qu'il n'est

pas dans l'office du juge constitutionnel d'établir les infractions pénales ; que le candidat Amadou BA n'établit pas l'existence d'une coalition de partis politiques dont il serait membre, avant même d'en alléguer l'irrégularité ; que le requérant n'a produit aucune pièce de nature à établir qu'il n'a pas qualité à être membre des partis politiques composant la coalition qui l'a investi ; qu'il sollicite le rejet de la requête comme mal fondée ;

79. Considérant d'une part, que les dispositions de l'article 821 du Code des Obligations civiles et commerciales ne sont pas applicables aux membres des partis politiques dissous et ne sauraient en conséquence être une entrave à l'exercice de leurs droits ; que d'autre part, sauf à établir une violation du décret n° 2001-362 du 4 mai 2001 relatif aux procédures d'exécution et d'aménagement des sanctions pénales, le statut de détenu provisoire n'est pas une entrave à l'exercice des droits civils et politiques ; qu'en outre, par décret n° 2023-1407 du 31 juillet 2023, le parti PASTEF ayant été dissous, on ne saurait lui attribuer la propriété de symboles ou de couleurs quelconques ; qu'enfin, l'investiture d'un candidat à l'élection présidentielle, même portée par un parti ou une coalition de partis politiques, n'est pas assujettie à l'appartenance à ces entités ; que la requête est rejetée ;

80. Considérant que le candidat Amadou BA, pour soutenir sa requête, expose que Cheikh Tidiane DIÈYE appartient au parti politique PASTEF, une entité politique dissoute, et ne peut plus, en conséquence, exercer les droits attachés à la qualité de membre d'un parti politique conformément aux dispositions de l'article 821 du Code des Obligations civiles et commerciales ; qu'il conteste la qualité de candidat indépendant de Cheikh Tidiane DIÈYE du fait qu'il est militant du parti politique dénommé « Avenir Sénégal » reconnu en 2015 sous récépissé n°17603/MINTSP/DGAT/DLP ; que ce parti politique « est membre actif de l'ex-parti PASTEF et de la coalition YEWI ASKAN WI » ; qu'il sollicite en conséquence que la candidature de Cheikh Tidiane DIÈYE soit déclarée irrecevable ;

81. Considérant, que par mémoire en réponse, Cheikh Tidiane DIÈYE rétorque que par la décision n°1/E/2024 du 12 janvier 2024, le Conseil constitutionnel a examiné les conditions de recevabilité de sa candidature et n'a relevé aucune irrégularité relative aux conditions de fond prévues par les articles 28 et 29 de la Constitution ; qu'il ajoute qu'il n'a jamais été membre du parti politique PASTEF dissous ; que le mouvement « avenir Sénégal bi nu beug », auquel il appartient, est différent du parti politique « Avenir Sénégal » et est doté de ses propres attributs ;

82. Considérant qu'il ressort de la déclaration de candidature de Cheikh Tidiane DIÈYE et des pièces y annexées, que ce dernier est investi par une entité regroupant des personnes indépendantes dénommée « PRESIDENT BI NU BEUG » et non par le parti politique « Avenir Sénégal » ; que le requérant n'apporte pas la preuve que Cheikh Tidiane DIÈYE est membre de ce parti ou du parti politique PASTEF dissous ; que sa requête est rejetée ;

83. Considérant que le candidat Thierno Alassane SALL, à l'appui de sa requête, soutient que le nom de Karim Meïssa WADE figurant encore sur la liste électorale de Versailles, en France à la date du 16 janvier 2024, ce dernier n'est pas exclusivement de nationalité sénégalaise ; qu'en l'absence d'un décret des autorités françaises consacrant la perte de sa nationalité française, la candidature de Karim Meïssa WADE doit être déclarée irrecevable en application de l'article 28 de la Constitution ;

84. Considérant qu'en réponse à la requête de Thierno Alassane SALL, Karim Meïssa WADE explique que la décision du Conseil constitutionnel n°1/E/2024 du 12 janvier 2024 disposant que les dossiers de candidature déclarés recevables, dont le sien, sont accompagnés des pièces et mentions exigées par la loi, et que leur examen n'a révélé aucune irrégularité relative aux conditions de fond prévues par les articles 28 et 29 de la Constitution, c'est à tort que Thierno Alassane SALL remet en cause sa candidature ; que pour établir qu'il est exclusivement de nationalité sénégalaise, Karim Meïssa WADE a produit une attestation par laquelle le Consul près l'Ambassade de France à Doha atteste qu'il a déposé une déclaration de perte de la nationalité française le 26 octobre 2023 et une copie du décret du 16 janvier 2024 publié au Journal officiel de la République française n° 13 du 17 janvier 2024 duquel il résulte que Karim Meïssa WADE est libéré de son allégeance à l'égard de la France ;

85. Considérant qu'aux termes de l'article 28 de la Constitution : « Tout candidat à la Présidence de la République doit être exclusivement de nationalité sénégalaise (...) » ; que l'article L.121 du Code électoral dispose que la déclaration de candidature doit être accompagnée d'une déclaration sur l'honneur par laquelle le candidat atteste qu'il a exclusivement la nationalité sénégalaise ;

86. Considérant que lors du dépôt au greffe du Conseil constitutionnel de sa déclaration de candidature le 22 décembre 2023, Karim Meïssa WADE a joint à son dossier, entre autres pièces, une déclaration sur l'honneur datée et signée de sa main le 21 décembre 2023, selon laquelle il a exclusivement la nationalité sénégalaise ;

87. Considérant que l'attestation par laquelle le Consul près l'Ambassade de France à Doha reproduit une déclaration de Karim Meïssa WADE, n'est pas de nature à établir la perte, par ce dernier, de la nationalité française ;

88. Considérant que l'article 23-4 du Code civil français prévoit que « perd la nationalité française le français, même mineur, qui, ayant une nationalité étrangère, est autorisé, sur sa demande, par le Gouvernement français à perdre la qualité de français. Cette autorisation est accordée par décret » ; que l'article 27-1 du même code ajoute que « les décrets portant (...) autorisation de perte de

nationalité française, perte ou déchéance de cette nationalité, sont pris et publiés dans les formes fixées par décret. Ils n'ont point d'effet rétroactif » ;

89. Considérant que le décret produit par Karim Meïssa WADE prouve que ce dernier a perdu la nationalité française à compter du décret du 16 janvier 2024, publié le 17 janvier 2024 ; que si, de ce fait, sa double nationalité, cause potentielle d'irrecevabilité a cessé à compter de cette date, il reste que sa candidature a été déclarée recevable sur la foi d'une déclaration sur l'honneur inexacte, dès lors qu'au moment de cette déclaration datée du 21 décembre 2023, le candidat n'avait pas exclusivement la nationalité sénégalaise ; qu'il ressort, en effet, des termes de l'article 27-1 précité que les effets du décret consacrant la perte d'allégeance de Karim Meïssa WADE à l'égard de la France ne sont pas rétroactifs ; que la requête de Thierno Alassane SALL étant fondée, la candidature de Karim Meïssa WADE est irrecevable,

DÉCIDE :

Article premier. - Les requêtes introduites par Cheikh Hadjibou SOUMARE, Cheikh Tidiane GADIO, Assome Aminata DIATTA, Alioune SARR, Babacar DIOP, Sheikh Alassane SENE, Cheikh DIENG, Bougane GUEYE, Mansour NDIAYE et Abdoulaye Mady NDIAYE sont irrecevables ;

Article 2. - Les requêtes introduites par Ousmane KANE, Ousmane SONKO, Abdoulaye SYLLA, Mohamed Ben Omar Syn DIOP, Mary Teuw NIANE, Mamadou Sambou YATASSAYE, Samba NDIAYE, Mbacké SARR, Cheikh Abdou MBACKÉ, Jean Baptiste DIOUF, Charles Emile Abdou CISS, Khadim DIOP, Birima MANGARA, Ibrahima DATT, Mouhamadou Lamine GUÈYE, Adama FAYE, Mouhamadou Madana KANE, Thione NIANG, Assane KA, Souleymane Ndéné NDIAYE, Aminata TOURÉ, Alpha THIAM, Amadou BA, El Hadji Abdourahmane DIOUF, Mouhamadou Fadel KONÉ, Ibrahima CISSOKHO, Moussa DIOP, Amsatou SOW et Aissatou MBODJI sont rejetées ;

Article 3.- La candidature de Karim Meïssa WADE est irrecevable ;

Article 4. - La liste définitive des candidats admis à se présenter à l'élection présidentielle du 25 février 2024 est arrêtée, dans l'ordre issu du tirage au sort, comme suit :

1) Boubacar CAMARA ;
2) Cheikh Tidiane DIÈYE ;
3) Déthié FALL ;
4) Daouda NDIAYE ;
5) Habib SY ;
6) Khalifa Ababacar SALL ;
7) Anta Babacar NGOM ;
8) Amadou BA ;

9) Rose WARDINI ;
10) Idrissa SECK ;
11) Aliou Mamadou DIA ;
12) Serigne MBOUP ;
13) Papa Djibril FALL ;
14) Mamadou Lamine DIALLO ;
15) Mahammed Boun Abdallah DIONNE ;
16) El Hadji Malick GAKOU ;
17) Aly Ngouille NDIAYE ;
18) El Hadji Mamadou DIAO ;
19) Bassirou Diomaye Diakhar FAYE ;
20) Thierno Alassane SALL.

Article 5.- La présente décision sera affichée au greffe du Conseil constitutionnel, publiée au *Journal officiel* de la République du Sénégal et partout où besoin sera.

Délibéré par le Conseil constitutionnel dans sa séance du 20 janvier 2024 où siégeaient Monsieur Mamadou Badio CAMARA, Président, Madame Aminata Ly NDIAYE, Vice-Président, Messieurs Mouhamadou DIAWARA, Youssoupha Diaw MBODJ, Madame Awa DIÈYE, Messieurs Cheikh NDIAYE et Cheikh Ahmed Tidiane COULIBALY, membres.

Avec l'assistance de Maître Ousmane BA, Chef du greffe.

En foi de quoi, la présente décision est signée par le Président, le Vice-président, les autres membres et le Chef du greffe.

Le Président

Mamadou Badio CAMARA

Le Vice-président

Aminata LY NDIAYE

Membre

Mouhamadou DIAWARA

Membre

Youssoupha Diaw MBODJ

Membre

Awa DIÈYE

Membre

Cheikh NDIAYE

Membre

Cheikh Ahmed Tidiane COULIBALY

Le Chef du greffe

Maître Ousmane BA

RÉPUBLIQUE DU SÉNÉGAL

Un Peuple – Un But – Une Foi

DÉCISION n° 3/E/2024

AFFAIRE n° 3/E/24

Demandeur : Abdoulaye TINE

SÉANCE du 8 février 2024.

MATIÈRE ELECTORALE

LE CONSEIL CONSTITUTIONNEL,

Vu la Constitution ;
Vu la loi organique n° 2016-23 du 14 juillet 2016 relative au Conseil constitutionnel ;
Vu la requête ;
Le rapporteur ayant été entendu ;
Après en avoir délibéré conformément à la loi ;

SUR LA SAISINE :

1. Considérant que par requête enregistrée au greffe du Conseil constitutionnel le 29 décembre 2023, sous le numéro 3/E/23, Abdoulaye TINE a saisi le Conseil constitutionnel d'un recours tendant à faire déclarer que « la loi constitutionnelle n° 2018-14 du 11 mai 2018 portant révision de la Constitution est contraire aux engagements internationaux du Sénégal ; d'écarter en conséquence l'arrêté n° 32005 du 25 septembre 2023 du Ministre de l'Intérieur sur le fondement de l'exception d'inconventionnalité ainsi soulevée ; d'écarter la décision n° 1/E/2023 du Conseil constitutionnel pour le motif d'inconventionnalité ; de dire et juger que le processus du dépôt des dossiers de candidature devrait être repris *ab initio* et ceci sans les entraves à la libre participation posées par les dispositions législatives et règlementaires sur le parrainage ; de condamner l'Etat du Sénégal aux entiers dépens et aux frais de procédure » ;

SUR LA COMPOSITION DU CONSEIL CONSTITUTIONNEL :

2. Considérant que le Conseil constitutionnel, constatant l'empêchement temporaire d'un de ses membres, peut valablement délibérer, conformément aux dispositions de l'article 23 de la loi organique susvisée ;

SUR LA RECEVABILITÉ :

3. Considérant que le greffe du Conseil constitutionnel n'ayant pas reçu de déclaration de candidature à l'élection présidentielle du 25 février

2024 au nom d'Abdoulaye TINE, c'est à tort que ce dernier se prévaut de la qualité de candidat ; qu'il s'ensuit que son recours est irrecevable,

DÉCIDE :

***Article premier.* -** La requête d'Abdoulaye TINE est irrecevable.

***Article 2.*-** La présente décision sera publiée au *Journal officiel* de la République du Sénégal.

Délibéré par le Conseil constitutionnel en sa séance du 8 février 2024, où siégeaient Monsieur Mamadou Badio CAMARA, Président, Madame Aminata Ly NDIAYE, Vice-président, Messieurs Mouhamadou DIAWARA, Youssoupha Diaw MBODJ, Madame Awa DIÈYE et Monsieur Cheikh Ahmed Tidiane COULIBALY, membres.

Avec l'assistance de Maître Ousmane BA, Chef du greffe.

En foi de quoi, la présente décision est signée par le Président, le Vice-président, les autres membres et le Chef du greffe.

Le Président

Le Vice-président

Mamadou Badio CAMARA

Aminata Ly NDIAYE

Membre

Membre

Mouhamadou DIAWARA

Youssoupha Diaw MBODJ

Membre

Membre

Awa DIÈYE

Cheikh Ahmed Tidiane COULIBALY

Le Chef du greffe

Maître Ousmane BA

LE CONSEIL CONSTITUTIONNEL,

RÉPUBLIQUE DU SÉNÉGAL

Un Peuple – Un But – Une Foi

DÉCISION n° 4/E/2024

AFFAIRE n° 44/E/24

DEMANDEUR : Rose WARDINI

SÉANCE DU 20 FEVRIER 2024.

MATIÈRE CONSTITUTIONNELLE.

Vu la Constitution ;
Vu la loi organique n° 2016-23 du 14 juillet 2016 relative au Conseil constitutionnel ;
Vu le Code électoral ;
Vu la décision du Conseil constitutionnel n° 2/E/2024 du 20 janvier 2024 arrêtant et publiant la liste définitive des candidats à l'élection présidentielle ;
Vu la lettre du 19 février 2024 ;
Le rapporteur ayant été entendu ;
Après en avoir délibéré conformément à la loi ;

1. Considérant que par la lettre reçue au greffe du Conseil constitutionnel le 20 février 2024 et enregistrée le même jour sous le n° 44/E/24, Rose WARDINI a retiré sa candidature à l'élection présidentielle ;

2. Considérant que l'article 34, alinéa premier de la Constitution dispose : « en cas (...) de retrait d'un des candidats entre l'arrêt de publication de la liste des candidats et le premier tour, l'élection est poursuivie avec les autres candidats en lice. Le Conseil constitutionnel modifie en conséquence la liste des candidats (...) » ; qu'il y a lieu de donner acte à Rose WARDINI du retrait de sa candidature et de modifier la liste des candidats.

DÉCIDE :

Article premier. – Il est donné acte à Rose WARDINI du retrait de sa candidature ;

Article 2. – La liste des candidats est modifiée et s'établit désormais qu'il suit :

1) Boubacar CAMARA ;
2) Cheikh Tidiane DIÈYE ;
3) Déthié FALL ;
4) Daouda NDIAYE ;
5) Habib SY ;
6) Khalifa Ababacar SALL ;
7) Anta Babacar NGOM ;
8) Amadou BA ;
9) Idrissa SECK ;
10) Aliou Mamadou DIA ;
11) Serigne MBOUP ;

12) Papa Djibril FALL ;
13) Mamadou Lamine DIALLO ;
14) Mahammed Boun Abdallah DIONNE
15) El Hadji Malick GAKOU ;
16) Aly Ngouille NDIAYE ;
17) El Hadji Mamadou DIAO ;
18) Bassirou Diomaye Diakhar FAYE ;
19) Thierno Alassane SALL ;

Article 3.- La présente décision sera publiée au *Journal officiel* de la République du Sénégal.

Délibéré par le Conseil constitutionnel en sa séance du 20 février 2024, où siégeaient Monsieur Mamadou Badio CAMARA, Président, Madame Aminata Ly NDIAYE, Vice-Président, Messieurs Mouhamadou DIAWARA, Youssoupha Diaw MBODJ, Madame Awa DIÈYE, Messieurs Cheikh NDIAYE et Cheikh Ahmed Tidiane COULIBALY, membres.

Avec l'assistance de Maître Ousmane BA, Chef du greffe.

En foi de quoi, la présente décision est signée par le Président, le Vice-président, les autres membres et le Chef du greffe.

Le Président

Mamadou Badio CAMARA

Le Vice-Président

Aminata LY NDIAYE

Membre

Mouhamadou DIAWARA

Membre

Youssoupha Diaw MBODJ

Membre

Awa DIÈYE

Membre

Cheikh NDIAYE

Membre

Cheikh Ahmed Tidiane COULIBALY*

Le Chef du greffe

Maître Ousmane BA

RÉPUBLIQUE DU SÉNÉGAL

Un Peuple – Un But – Une Foi

DÉCISION n° 5/E/2024

AFFAIRES n° 45/E/24 à 59/E/24

Demandeurs : El Hadji Mamadou DIAO, Boubacar CAMARA, Thierno Alassane SALL, Habib SY, Serigne MBOUP, Déthié FALL, Malick GAKOU, Khalifa Ababacar SALL, Aly Ngouille NDIAYE, Daouda NDIAYE, Mamadou Lamine DIALLO, Anta Babacar NGOM, Cheikh Tidiane DIÈYE, Bassirou Diomaye Diakhar FAYE et Aliou Mamadou DIA, candidats à l'élection présidentielle.

SÉANCE DU 6 mars 2024.

LE CONSEIL CONSTITUTIONNEL,

Vu la Constitution ;
Vu la loi organique n° 2016-23 du 14 juillet 2016 relative au Conseil constitutionnel ;
Vu le Code électoral ;
Vu la décision n°1/C/2024 du 15 février 2024 ;
Vu la décision n°4/E/2024 du 20 février 2024 ;
Vu les pièces du dossier ;
Vu les lettres de notification n° 29/Cc, 27/Cc et 28/Cc du 27 février 2024 adressées respectivement au Président de la République, au Président de l'Assemblée nationale et au Premier ministre, en application de l'article 14 de la loi organique susvisée ;
Le rapporteur ayant été entendu ;
Après en avoir délibéré conformément à la loi ;

SUR LA SAISINE

1. Considérant que par requêtes enregistrées au greffe du Conseil constitutionnel le 26 février 2024, sous les numéros 45/E/24 à 59/E/24, El Hadji Mamadou DIAO, Boubacar CAMARA, Thierno Alassane SALL, Habib SY, Serigne MBOUP, Déthié FALL, Malick GAKOU, Khalifa Ababacar SALL, Aly Ngouille NDIAYE, Daouda NDIAYE, Mamadou Lamine DIALLO, Anta Babacar NGOM, Cheikh Tidiane DIÈYE, Bassirou Diomaye Diakhar FAYE et Aliou Mamadou DIA, candidats à l'élection présidentielle, ont saisi le Conseil constitutionnel de recours aux fins de « constater et remédier à la carence du Président de la République en fixant (...) la date de l'élection présidentielle afin de donner plein effet à la décision n° 1/C/2024 du 15 février 2024 ; dire les règles de suppléance du Président en exercice si les résultats de l'élection présidentielle ne sont pas proclamés avant le 2 avril 2024 » et « ordonner à l'ensemble des autorités administratives la poursuite des opérations électorales » ;

SUR LA JONCTION DES REQUÊTES

2. Considérant que les requêtes, tendant aux mêmes fins, présentent un lien de connexité suffisant ; qu'il

y a lieu, pour une bonne administration de la justice, d'en ordonner la jonction et de statuer par une seule et même décision ;

SUR LA RECEVABILITÉ

3. Considérant qu'il ressort de la décision du Conseil constitutionnel n° 4/E/2024 du 20 février 2024 que les requérants ont tous la qualité de candidats à l'élection présidentielle ; qu'ils justifient, en conséquence, d'un intérêt légitime à saisir le Conseil constitutionnel pour la tenue du scrutin et pour entendre définir les règles de suppléance au cas où l'élection n'a pas lieu avant la fin du mandat en cours ; que les requêtes sont recevables ;

AU FOND

Sur les demandes tendant à fixer la date de l'élection présidentielle et à ordonner aux autorités administratives la poursuite des opérations électorales :

4. Considérant que les requérants soutiennent que le « refus » du Président de la République de fixer la date de l'élection présidentielle viole la décision n° 1/C/2024 du 15 février 2024 par laquelle le Conseil constitutionnel l'a invité à fixer la date du scrutin dans les meilleurs délais ; qu'ils demandent au Conseil constitutionnel, en vertu de sa plénitude de juridiction en matière électorale, de constater cette carence et de se substituer au Président de la République en fixant la date de l'élection ;

5. Considérant qu'il ressort de l'article L. 63 du Code électoral que la date du scrutin est fixée par décret ; que, toutefois, les dispositions et délais prévus par la Constitution et le Code électoral, notamment l'article LO.137, s'applique au schéma d'un déroulement normal du processus électoral en vue de l'élection d'un Président de la République avant la fin du mandat en cours ; que ces textes et délais perdent leur finalité dès lors que des facteurs non conformes à la réalité institutionnelle, juridique et factuelle ont affecté le processus initialement mis en place ; que, de même, les évènements d'ordre religieux, social et culturel ne sont pas incompatibles avec l'exercice des droits des citoyens, notamment le droit de vote ;

6. Considérant que l'élection présidentielle ne peut être fixée à une date postérieure à l'expiration du mandat en cours sous peine d'en prolonger la durée au-delà de ses limites constitutionnelles ;

7. Considérant que la situation actuelle où la date de l'élection présidentielle n'est pas fixée, à moins d'un mois de la fin du mandat présidentiel, n'est justifiée ni en droit ni en fait ;

8. Considérant que par décision n° 1/C/2024 du 15 février 2024, le Conseil constitutionnel a jugé que la date de l'élection du Président de la République ne peut être reportée au-delà de la durée du mandat qui arrive à terme le 2 avril 2024 et a invité les autorités compétentes à fixer la date dans les meilleurs délais ; que l'expression « meilleurs délais » renvoie nécessairement à une date pouvant permettre la tenue de l'élection avant la fin du mandat, conformément au considérant 14 de la décision précitée ;

9. Considérant qu'en vertu de l'article 92 de la Constitution, cette décision s'impose aux pouvoirs publics et à toutes les autorités administratives et juridictionnelles ;

10. Considérant qu'au regard de l'urgence, le fait pour les autorités compétentes de ne pas fixer la date du scrutin plus de 20 jours après la décision n° 1/C/2024 du 15 février 2024 s'analyse en une méconnaissance de leur obligation constitutionnelle d'exécuter ladite décision ;

11. Considérant que le Conseil constitutionnel dispose en matière électorale d'une plénitude de juridiction et d'un pouvoir régulateur de maintien de la continuité de l'Etat et de la stabilité des institutions ;

12. Considérant qu'il y a lieu ainsi, pour pallier l'inertie des autorités compétentes, de fixer la date de l'élection présidentielle au dimanche 31 mars 2024 et de dire que le processus électoral, qui n'est pas annulé mais interrompu, doit être poursuivi ;

13. Considérant, en conséquence, que les documents et le dispositif déjà prévus pour le scrutin du 25 février 2024 peuvent servir pour le scrutin du 31 mars 2024 ;

14. Considérant que la présente décision emporte convocation du corps électoral, au Sénégal et à l'étranger, pour le scrutin du 31 mars 2024 ;

Sur la demande tendant à définir les règles de suppléance :

15. Considérant que les requérants demandent au Conseil constitutionnel de « dire les règles de suppléance du Président en exercice si les résultats de l'élection présidentielle ne sont pas proclamés avant le 2 avril 2024 » ;

16. Considérant que l'arrivée du terme du mandat du Président de la République sans que son successeur soit élu, en raison du non-respect du calendrier électoral, n'est pas prévue par la Constitution ;

17. Considérant, cependant, que le Conseil constitutionnel, statuant en matière électorale, rappelait déjà, dans sa décision n° 5 du 2 mars 1993 que « (...) ni le silence de la loi ni l'insuffisance de ses dispositions, n'autorisent le Conseil constitutionnel (...) à s'abstenir de régler le différend porté devant lui ; qu'il doit se prononcer par une décision en recourant, au besoin, aux principes généraux

du droit, à la pratique, à l'équité et à toute autre règle compatible avec la sauvegarde de l'État de droit et avec l'intérêt commun » ;

18. Considérant qu'eu égard aux circonstances particulières, si le scrutin du premier tour a lieu avant la fin du mandat, le Président en exercice reste en fonction jusqu'à l'installation de son successeur ;

19. Considérant que dans le cas contraire et par analogie aux différentes situations ayant pour effet la vacance de la fonction présidentielle, notamment la démission ou l'empêchement définitif, il convient de dire que le Président de l'Assemblée nationale poursuit le processus électoral déjà engagé,

DÉCIDE :

Article premier. - La date du scrutin de l'élection présidentielle est fixée au 31 mars 2024.

Article 2.- La présente décision emporte convocation du corps électoral au Sénégal et à l'étranger, pour le scrutin du 31 mars 2024.

Article 3.- Le processus électoral est poursuivi dans les conditions fixées par la présente décision et les décisions antérieures susvisées.

Article 4.- En cas de vacance de la fonction présidentielle, le Président de l'Assemblée nationale assure la suppléance jusqu'à l'installation du Président de la République qui sera élu au terme du processus électoral déjà engagé.

Article 5.- La présente décision sera publiée au *Journal officiel* de la République du Sénégal et partout où besoin sera.

Délibéré par le Conseil constitutionnel en sa séance du 6 mars.2024, où siégeaient Monsieur Mamadou Badio CAMARA, Président, Madame Aminata Ly NDIAYE, Vice-président, Messieurs Mouhamadou DIAWARA, Youssoupha Diaw MBODJ, Madame Awa DIÈYE et Messieurs Cheikh NDIAYE et Cheikh Ahmed Tidiane COULIBALY, membres.

Avec l'assistance de Maître Ousmane BA, Chef du greffe.

En foi de quoi, la présente décision est signée par le Président, le Vice-président, les autres membres et le Chef du greffe.

Le Président

Le Vice-Président

Mamadou Badio CAMARA

Aminata Ly NDIAYE

Membre

Mouhamadou DIAWARA

Membre

Awa DIÈYE

Membre

Cheikh Ahmed Tidiane COULIBALY

Membre

Youssoupha Diaw MBODJ

Membre

Cheikh NDIAYE

Le Chef du greffe

Maître Ousmane BA

ÉPUBLIQUE DU SÉNÉGAL

Un Peuple – Un But – Une Foi

DÉCISION n° 60/E/2024

emandeur : Président de la épublique

ÉANCE DU 5 MARS 2024

MATIÈRE ELECTORALE.

LE CONSEIL CONSTITUTIONNEL,

Vu la Constitution ;
Vu la loi organique n° 2016-23 du 14 juillet 2016 relative au Conseil constitutionnel ;
Vu le Code électoral ;
Vu la décision n° 1/C/2024 du 15 février 2024 ;
Vu la décision n° 4/E/2024 du 20 février 2024 ;
Vu la lettre confidentielle n° 488/PR/SG du 4 mars 2024 du Président de la République ;
Vu les autres pièces du dossier ;
Le rapporteur ayant été entendu ;
Après en avoir délibéré conformément à la loi ;

SUR LA SAISINE :

1. Considérant que par lettre confidentielle n° 488/PR/SG du 4 mars 2024, enregistrée au greffe du Conseil constitutionnel le même jour sous le numéro 60/E/24, le Président de la République a soumis au Conseil constitutionnel une demande d'avis portant sur les questions suivantes :

« 1- Quel est l'avis de votre haute juridiction sur la date du 02 juin 2024 proposée par le dialogue national ?

2. Quel est l'avis de votre haute juridiction sur le maintien des 19 candidats déjà validés, avec la réserve d'un nouvel examen des candidatures pour régler la question des éventuels cas de double nationalité et les corrections nécessaires pour les parrainages des candidats qui se considèrent lésés ?

3. Quel est l'avis de votre haute juridiction sur l'accord consistant à l'application de l'alinéa 2 de l'article 36 de la Constitution « le Président de la République en exercice reste en fonction jusqu'à l'installation de son successeur » pour assurer la continuité de l'Etat et la permanence institutionnelle ? » ;

SUR LA RECEVABILITÉ

4. Considérant qu'aux termes de l'article 92 de la Constitution, le Conseil constitutionnel peut être saisi par le Président de la République pour avis ; que la demande est recevable ;

SUR LA DATE DU 02 JUIN 2024 PROPOSÉE POUR LA TENUE DU SCRUTIN

5. Considérant que dans sa décision n° 1/C/2024 du 15 février 2024, le Conseil constitutionnel a précisé que la date de l'élection du Président de la République ne peut être reportée au-delà de la durée du mandat qui arrive à terme le 2 avril 2024 et a invité les autorités compétentes à en fixer la date dans les meilleurs délais ; que l'expression « meilleurs délais » renvoie nécessairement à une date pouvant permettre la tenue du scrutin avant la fin du mandat ;

6. Considérant qu'un décret fixant la date de l'élection au 2 juin 2024, soit deux mois après l'expiration du mandat en cours, ne trouverait de base légale ni dans la loi électorale ni dans la décision n°1/C/2024 précitée ; que la reprise du processus électoral déjà engagé ne justifie pas un tel report ;

7. Considérant que le Président de la République ne peut, en l'absence d'un texte l'y habilitant expressément, fixer la date de l'élection au-delà de la fin de son mandat ;

8.Considérant qu'en vertu du caractère intangible de la durée du mandat du Président de la République, la fixation de la date de l'élection au-delà de la fin du mandat a nécessairement pour effet de créer un vide institutionnel non prévu par la Constitution ; qu'elle est, de ce fait, contraire au principe à valeur constitutionnelle de sécurité juridique et de stabilité des institutions ;

9.Considérant, dès lors, que le Conseil constitutionnel est d'avis que la date du 2 juin 2024 proposée n'est pas conforme à la Constitution et à la décision n° 1/C/2024 du 15 février 2024 ;

SUR « LE MAINTIEN DES 19 CANDIDATS DÉJÀ VALIDÉS AVEC LA RÉSERVE D'UN NOUVEL EXAMEN DES CANDIDATURES POUR RÉGLER LA QUESTION DES ÉVENTUELS CAS DE DOUBLE NATIONALITÉ ET LES CORRECTIONS NÉCESSAIRES POUR LES PARRAINAGES DES CANDIDATS QUI SE CONSIDÈRENT LÉSÉS »

9. Considérant que par décisions n° 1/E/2024 du 12 janvier 2024 et n° 4/E/2024 du 20 février 2024, le Conseil constitutionnel, après avoir examiné la recevabilité des candidatures conformément à la législation électorale, a arrêté et publié la liste des candidats à l'élection présidentielle ;

10. Considérant, d'une part, que ni la Constitution, ni le Code électoral, ne prévoient d'autres formes de détermination de la liste des candidats ;

11. Considérant, d'autre part, qu'en vertu de l'article 92 de la Constitution, les décisions du Conseil constitutionnel ne sont susceptibles d'aucune voie de recours et s'imposent aux pouvoirs publics et à toutes les autorités administratives et juridictionnelles ;

12. Considérant, enfin, que l'existence d'un « consensus » issu d'un dialogue postérieur à la décision arrêtant la liste définitive des candidats, ne fait pas partie des causes de modification de cette liste, limitativement énumérées par les articles 29, alinéa 2, et 34, alinéa premier de la Constitution ;

13. Considérant, en conséquence que l'intégration à la liste des candidats, de candidatures déjà jugées irrecevables, par modification de ladite liste pour des motifs autres que ceux prévus, est contraire à la Constitution ;

14. Considérant, s'agissant d'éventuelles cas de double nationalité, qu'il y a lieu de préciser qu'en l'état actuelle de la législation, la possession exclusive de la nationalité sénégalaise est présumée dès lors que le candidat a produit la déclaration sur l'honneur exigée à cet effet par les dispositions de l'article L.121 du Code électoral ; qu'en cas d'empêchement, notamment pour cause de double nationalité, découvert postérieurement à la publication de la liste définitive des candidats, l'article 34 de la Constitution prévoit que le Conseil constitutionnel modifie ladite liste ;

15. Considérant que le Conseil constitutionnel est d'avis que seuls sont candidats à l'élection présidentielle, ceux retenus par la décision n° 4/E/2024 du 20 février 2024 ;

SUR L'ACCORD CONSISTANT À APPLIQUER L'ALINÉA 2 DE L'ARTICLE 36 DE LA CONSTITUTION POUR ASSURER LA CONTINUITÉ DE L'ÉTAT ET LA PERMANENCE INSTITUTIONNELLE

16. Considérant que l'article 36 de la Constitution régit la situation où le mandat du Président en exercice arrive à son terme après l'élection de son successeur ; que l'arrivée à terme du mandat du Président en exercice sans que son successeur soit élu, en raison du non-respect du calendrier électoral, n'est pas prévue par la Constitution et ne peut être régie par ce texte ;

17. Considérant que la juridiction constitutionnelle a déjà jugé qu'en application des dispositions de l'article 103 de la Constitution, la durée du mandat du Président de la République ne peut être réduite ou allongée au gré des circonstances politiques, quel que soit l'objectif poursuivi ;

18. Considérant que le maintien du Président en exercice au-delà de la date du 2 avril 2024 a pour effet de proroger le mandat qui est intangible au sens de l'article 103, alinéas 7 et 8 de la Constitution ;

19. Considérant que le maintien du Président dont le mandat est arrivé à terme, alors qu'aucun évènement assimilable à la force majeure n'empêchait la poursuite normale du processus électoral et l'élection d'un nouveau Président de la République dans le délai prévu par la Constitution, constituent un précédent de nature à compromettre la stabilité des institutions, notamment celle de la fonction présidentielle ;

20. Considérant que le Conseil constitutionnel est d'avis que l'article 36, alinéa 2 de la Constitution n'est pas applicable si l'élection n'a pas eu lieu avant la fin du mandat en cours ;

21. Considérant qu'aux termes de l'article 24 de la loi organique 2016-23 du 14 juillet 2016 relative au Conseil constitutionnel, le Conseil constitutionnel rend, en toute matière, des décisions motivées,

DÉCIDE :

Article premier. - La fixation de la date du scrutin au-delà de la durée du mandat du Président de la République en exercice est contraire à la Constitution.

Article 2. - Seuls les 19 candidats retenus par la décision n° 4/E/2024 du 20 février 2024 participent au scrutin.

Article 3.- L'article 36, alinéa 2 de la Constitution n'est pas applicable si l'élection n'a pas eu lieu avant la fin du mandat en cours ;

Article 4.- La présente décision sera publiée au *Journal officiel* de la République du Sénégal.

Délibéré par le Conseil constitutionnel en sa séance du 5 mars 2024, où siégeaient Monsieur Mamadou Badio CAMARA, Président, Madame Aminata Ly NDIAYE, Vice-président, Messieurs Mouhamadou DIAWARA, Youssoupha Diaw MBODJ, Madame Awa DIÈYE, Messieurs Cheikh NDIAYE et Cheikh Ahmed Tidiane COULIBALY, membres.

Avec l'assistance de Maître Ousmane BA, Chef du greffe.

En foi de quoi, la présente décision est signée par le Président, le Vice-président, les autres membres et le Chef du greffe.

Le Président

Mamadou Badio CAMARA

Le Vice-Président

Aminata Ly NDIAYE

Membre

Mouhamadou DIAWARA

Membre

Youssoupha Diaw MBODJ

Membre

Awa DIÈYE

Membre

Cheikh NDIAYE

Membre

Cheikh Ahmed Tidiane COULIBALY

Le Chef du greffe

Maître Ousmane BA

RÉPUBLIQUE DU SÉNÉGAL

Un Peuple – Un But – Une Foi

DÉCISION N° 7/E/2024

Proclamation des résultats définitifs du scrutin du

24 mars 2024

SÉANCE DU

29 mars 2024

MATIÈRE ÉLECTORALE

LE CONSEIL CONSTITUTIONNEL,

Vu la Constitution ;

Vu la loi organique n° 2016-23 du 14 juillet 2016 relative au Conseil constitutionnel ;

Vu le Code électoral ;

Vu le décret n° 2024-690 du 6 mars 2024 portant fixation de la date de l'élection présidentielle ;

Vu le décret n° 2024-691 du 6 mars 2024 portant convocation du corps électoral pour l'élection présidentielle du 24 mars 2024 ;

Vu la décision du Conseil constitutionnel n° 2/E/2024 du 20 janvier 2024 arrêtant et publiant la liste définitive des candidats à l'élection présidentielle ;

Vu la décision du Conseil constitutionnel n° 4/E/2024 du 20 février 2024 modifiant et arrêtant la liste définitive des candidats à l'élection du Président de la République ;

Vu la lettre n° 181/2024/PPCAD du 28 mars 2024 du Premier président de la Cour d'appel de Dakar, Président de la Commission nationale de Recensement des Votes, transmettant le procès-verbal des résultats provisoires de l'élection présidentielle et les pièces y annexées ;

Vu les procès-verbaux, les listes d'émargement, les feuilles de dépouillement et autres documents des bureaux de vote et des commissions départementales de recensement des votes ;

Le rapporteur ayant été entendu ;

Après en avoir délibéré conformément à la loi ;

1. Considérant que les résultats provisoires du scrutin de l'élection présidentielle ont été proclamés le 27 mars 2024 par la Commission nationale de Recensement des Votes ;

2. Considérant que selon l'article 35, alinéa 2 de la Constitution, la régularité des opérations électorales peut être contestée par l'un des candidats devant le Conseil constitutionnel dans les soixante-douze heures qui suivent la proclamation provisoire des résultats par la Commission nationale de Recensement des Votes ;

3. Considérant cependant, qu'eu égard aux circonstances exceptionnelles ayant conduit à la compression de tous les délais relatifs à l'élection présidentielle, les délais de recours ont été abrégés ;

4. Considérant que le Conseil constitutionnel n'a été saisi d'aucune contestation ;

5. Considérant qu'aux termes de l'alinéa 3 de l'article précité, « si aucune contestation n'a été déposée dans les délais au greffe du Conseil constitutionnel, le Conseil proclame immédiatement les résultats définitifs du scrutin » ;

6.Considérant qu'après les corrections et redressements nécessaires, les résultats du premier tour du scrutin pour l'élection présidentielle du 24 mars 2024 s'établissent comme suit :

Électeurs inscrits	7 371 890
Votants	4 519 253
Taux de participation	61, 30 %
Bulletins nuls	34 125
Suffrages valablement exprimés	4 485 128
Majorité absolue	2 242 565

Ont obtenu :

Boubacar CAMARA	23 359	Soit 0,52%
Cheikh Tidiane DIÈYE	15 172	Soit 0,34%
Déthié FALL	15 836	Soit 0,35%
Daouda NDIAYE	15 895	Soit 0,35%
Habib SY	3 206	Soit 0,07%
Khalifa Ababacar SALL	69 760	Soit 1,56%
Anta Babacar NGOM	15 457	Soit 0, 34%
Amadou BA	1 605 086	Soit 35,79%
Idrissa SECK	40 286	Soit 0,90%
Aliou Mamadou DIA	125 690	Soit 2, 80%
Serigne MBOUP	16 049	Soit 0,36%
Papa Djibril FALL	18 304	Soit 0,41 %
Mamadou Lamine DIALLO	9 998	Soit 0,22%
Mahammed Boun Abdallah DIONNE	8 435	Soit 0, 19%
El Hadji Malick GAKOU	6 343	Soit 0, 14%

Aly Ngouille NDIAYE	20 964	Soit 0,47%
El Hadji Mamadou DIAO	14 591	Soit 0, 33%
Bassirou Diomaye Diakhar FAYE	2 434 751	Soit 54,28%
Thierno Alassane SALL	25 946	Soit 0,58%

7. Considérant qu'il résulte de l'article 33 de la Constitution que le candidat qui obtient la majorité absolue des suffrages exprimés est élu au premier tour ;

8. Considérant que le candidat Bassirou Diomaye Diakhar FAYE ayant recueilli 2 434 751 voix, soit plus de la majorité absolue des suffrages exprimés, il y a lieu de le déclarer élu au premier tour de l'élection présidentielle du 24 mars 2024 ;

En conséquence,

PROCLAME :

Article premier. - Monsieur Bassirou Diomaye Diakhar FAYE est élu Président de la République du Sénégal.

Article 2.- La présente décision sera affichée au greffe du Conseil constitutionnel et publiée au *Journal officiel* de la République du Sénégal et partout où besoin sera.

Délibéré par le Conseil constitutionnel en sa séance du 29 mars 2024, où siégeaient Monsieur Mamadou Badio CAMARA, Président, Madame Aminata Ly NDIAYE, Vice-Président, Messieurs Mouhamadou DIAWARA, Youssoupha Diaw MBODJ, Madame Awa DIÈYE, Messieurs Cheikh NDIAYE et Cheikh Ahmed Tidiane COULIBALY, membres.

Avec l'assistance de Maître Ousmane BA, Chef du greffe.

En foi de quoi, la présente décision est signée par le Président, le Vice-président, les autres membres et le Chef du greffe.

Le Président

Mamadou Badio CAMARA

Le Vice-président

Aminata Ly NDIAYE

Membre

Mouhamadou DIAWARA

Membre

Youssoupha Diaw MBODJ

Membre

Membre

Awa DIÈYE

Cheikh NDIAYE

Membre

Cheikh Ahmed Tidiane COULIBALY

Le Chef du greffe

Maître Ousmane BA

DÉCISIONS
ELECTIONS LEGISLATIVES

- Décision n° 2/E/2024 du 10 juillet 2024 demande d'avis du Président de la République du 5 juillet 2024 ;
- Décision n° 8/E/2024 du 25 septembre 2024 recours des partis politiques « Parti des libéraux et démocratiques AND SOUQUALI (PLDA/AS) et « Osez L'avenir » et Abdou MBOW et 38 autres députés ;
- Décision n° 9/E/2024 du 1er octobre 2024 demande d'avis du Président de la République du 30 septembre 2024 ;
- Décision n° 10/E/2024 du 10 octobre 2024 requête de Oumar TOP du 4 octobre 2024 ;
- Décision n° 11/E/2024 du 10 octobre 2024 requête de Maguette SY du 4 octobre 2024 ;
- Décision n° 12/E/2024 du 10 octobre 2024 requête de Maguette SY du 4 octobre 2024 ;
- Décision n° 13/E/2024 du 10 octobre 2024 requête de Maguette SY du 8 octobre 2024 ;
- Décision n° 14/E/2024 du 10 octobre 2024 requête de Maguette SY du 8 octobre 2024 ;
- Décision n° 15/E/2024 du 10 octobre 2024 requête de Abdoulaye BA du 8 octobre 2024 ;
- Décision n° 16/E/2024 du 10 octobre 2024 requête de Birane Yaya WANE du 8 octobre 2024 ;
- Décision n° 17/E/2024 du 10 octobre 2024 requête de Modou DIEYE du 8 octobre 2024 ;
- Décision n° 18/E/2024 du 10 octobre 2024 requête de Mamadou SIDIBE du 8 octobre 2024 ;
- Décision n° 19 /E/2024 du 10 octobre 2024 requête de Mouhamadou Moustapha SECK du 9 octobre 2024 ;
- Décision n° 20/E/2024 du 27 novembre 2024 proclamation des résultats définitifs des élections législatives anticipées du 17 novembre 2024 ;

RÉPUBLIQUE DU SÉNÉGAL

Un Peuple – Un But – Une Foi

DÉCISION n° 2/C/2024

AFFAIRE n° 2/C/24

Demande d'avis du Président de la République 5 juillet 2024

SÉANCE DU

10 JUILLET 2024

MATIÈRE CONSULTATIVE

LE CONSEIL CONSTITUTIONNEL,

Vu la Constitution ;
Vu la loi organique n° 2016-23 du 14 juillet 2016 relative au Conseil constitutionnel ;
Vu le Code électoral ;
Vu la lettre confidentielle du Président de la République n° 000349/PR/CAB du 5 juillet 2024 ;
Le rapporteur ayant été entendu ;
Après en avoir délibéré conformément à la loi ;

- ***Sur la saisine*** :

1. Considérant que par lettre confidentielle n° 000349/ PR/CAB du 5 juillet 2024, le Président de la République a saisi le Conseil constitutionnel d'une demande d'avis sur les deux questions suivantes :
- Quelle est la date à partir de laquelle une dissolution légale de l'Assemblée nationale peut être prononcée par le Président de la République ?
- À partir de la date de dissolution de l'Assemblée nationale, quelle serait la date butoir pour organiser des élections législatives anticipées ?

- ***Sur la recevabilité :***

2. Considérant qu'aux termes de l'article 92, alinéa 2, de la Constitution, le Conseil constitutionnel peut être saisi par le Président de la République pour avis ; que la demande est recevable ;

- ***Sur la composition :***

3. Considérant que le Conseil constitutionnel, constatant l'absence d'un de ses membres, peut, conformément aux dispositions de l'article 23 de la loi organique n° 2016-23 du 14 juillet 2016 relative au Conseil constitutionnel, valablement délibérer et statuer ;

Sur la date à partir de laquelle une dissolution légale de l'Assemblée nationale peut être prononcée par le Président de la République :

4.Considérant que les alinéas 1er et 2 de l'article 87 de la Constitution disposent que : « Le Président de la République peut, après avoir recueilli l'avis du Premier Ministre et celui du Président de l'Assemblée nationale, prononcer, par décret, la dissolution de l'Assemblée nationale.

Toutefois, la dissolution ne peut intervenir durant les deux premières années de législature » ;

5. Considérant que pour déterminer le point de départ de ce délai de 2 ans, il convient de définir le terme « législature » ;

6. Considérant qu'en l'état actuel du droit positif sénégalais, la législature renvoie à la durée du mandat de l'Assemblée nationale et ne se confond pas avec le mandat du député, lequel s'attache à la personne de l'élu ;

7. Considérant, en effet, qu'il ressort de l'article 87, alinéa 4, de la Constitution qu'en cas de dissolution, « l'Assemblée nationale ne peut se réunir. Toutefois, le mandat des députés n'expire qu'à la date de la proclamation de l'élection des membres de la nouvelle Assemblée nationale » ; qu'il se déduit de ce texte que, si le décret de dissolution a pour effet de mettre fin à la législature, il laisse subsister le mandat des députés qui ne prend fin qu'avec la proclamation des résultats des élections ;

8. Considérant, en outre, que l'article 51 de la loi organique portant règlement intérieur de l'Assemblée nationale dispose que « le député est couvert par l'immunité à compter du début de son mandat qui prend effet dès la proclamation des résultats des élections législatives par le Conseil constitutionnel » ; qu'en disposant ainsi, ce texte fait courir la durée du mandat des députés à compter de la publication de la décision du Conseil constitutionnel qui confère aux élus leur statut officiel et l'immunité, alors que la législature débute avec les activités de l'Assemblée nationale ;

9. Considérant que la notion de « législature » à laquelle fait référence l'article 87 de la Constitution renvoie à la période déterminée durant laquelle l'Assemblée nationale exerce effectivement ses pouvoirs ;

10. Considérant que les activités parlementaires commencent à compter de l'installation officielle des organes de fonctionnement de l'Assemblée nationale, conformément aux dispositions des articles 8, 9 et 24 de son règlement intérieur, qui précisent que l'élection du Président et l'installation du Bureau définitif de l'Assemblée nationale se font « au début de la législature » ;

11. Considérant, en outre, que l'article L.155 alinéa 2 du Code électoral dispose : « les pouvoirs de l'Assemblée nationale expirent le jour de l'installation de l'Assemblée nationale nouvellement élue » ;

12. Considérant qu'à la suite des élections législatives du 31 juillet 2022, l'élection du Président de l'Assemblée nationale et l'installation du Bureau définitif de l'institution parlementaire ont eu lieu le 12 septembre 2022 ; que cette date marque le début de la législature ;

13. Considérant qu'il en résulte que le 12 septembre 2022 est le point de départ de la computation du délai de 2 ans durant lequel l'Assemblée nationale ne peut être dissoute ;

14. Considérant, dès lors, que la dissolution de l'Assemblée nationale peut légalement être prononcée à partir du 12 septembre 2024 ;

Sur la date butoir pour l'organisation d'élections législatives anticipées :

15. Considérant que l'article 87 alinéa 3 de la Constitution dispose que « le décret de dissolution fixe la date du scrutin pour l'élection des députés. Le scrutin a lieu soixante (60) jours au moins et quatre-vingt-dix jours (90) au plus après la date de publication du décret » ;

16. Considérant qu'en ce qui concerne la caution, il n'y a pas lieu pour le Ministre chargé des élections de la fixer au plus tard 150 jours avant le scrutin du fait qu'en cas d'élections législatives anticipées, le montant de la dernière caution est maintenu comme le prévoit l'article L. 175 alinéa 2, du Code électoral ;

17. Considérant, cependant, que d'autres délais prévus par le Code électoral sont incompatibles avec le délai maximum de 90 jours prévu par l'article 87 de la Constitution pour l'organisation du scrutin ;

18. Considérant, en effet, que l'article L.176 du Code électoral dispose « qu'au plus tard 88 jours avant celui du scrutin, le Ministre chargé des élections institue par arrêté une commission de réception. Celle-ci est chargée 85 jours au plus et 60 jours au moins avant celui du scrutin de la réception matérielle de l'intégralité des listes de parrainage et des dossiers de candidature (...). À l'issue du contrôle des listes de parrainage et éventuellement des régularisations y afférentes, la commission de réception entame l'étude pour la recevabilité juridique des dossiers de candidature 75 jours avant celui du scrutin » ;

19. Considérant que l'articulation de ces délais avec celui prévu à l'article 87 de la Constitution ne laisse qu'une marge de temps de 5 à 30 jours, insuffisante pour la collecte et la mise en place du dispositif juridique et technique de vérification des parrainages ;

20. Considérant qu'en vertu du principe de la hiérarchie des normes qui consacre la suprématie des dispositions constitutionnelles sur celles du Code électoral, il y a lieu de dire que les dispositions relatives au parrainage ne peuvent être appliquées aux élections législatives anticipées ;

21. Considérant qu'en cas de dissolution de l'Assemblée nationale, conformément à l'article 87 de la Constitution, le scrutin a lieu 90 jours au plus tard après la date de publication du décret de dissolution ; qu'il se tient un dimanche, comme le prévoit l'article L. 63 du Code électoral ;

22. Considérant qu'aux termes de l'article 24 de la loi organique n° 2016-23 du 14 juillet 2016 susvisée, le Conseil constitutionnel rend, en toutes matières, des décisions motivées,

DÉCIDE :

Article premier. - La demande d'avis est recevable ;

Article 2.- La dissolution de l'Assemblée nationale peut être légalement prononcée par le Président de la République à partir du 12 septembre 2024 ;

Article 3.- Les dispositions du Code électoral relatives au parrainage ne sont pas applicables aux élections législatives anticipées, en cas de dissolution de l'Assemblée nationale ;

Article 4.- Le scrutin a lieu un dimanche, 90 jours au plus tard après la date de publication du décret de dissolution ;

Article 5.- La présente décision sera publiée au *Journal officiel* de la République du Sénégal.

Délibéré par le Conseil constitutionnel en sa séance du 10 juillet 2024, où siégeaient Monsieur Mamadou Badio CAMARA, Président, Madame Aminata Ly NDIAYE, Vice-Président, Messieurs Mouhamadou DIAWARA, Youssoupha Diaw MBODJ, Cheikh NDIAYE et Cheikh Ahmed Tidiane COULIBALY, membres.

Avec l'assistance de Maître Ousmane BA, Chef du greffe.

En foi de quoi, la présente décision est signée par le Président, le Vice-président, les autres membres et le Chef du greffe.

Le Président

Mamadou Badio CAMARA

Le Vice-Président

Aminata Ly NDIAYE

Membre

Mouhamadou DIAWARA

Membre

Youssoupha Diaw MBODJ

Membre

Cheikh NDIAYE

Membre

Cheikh Ahmed Tidiane COULIBALY

Le Chef du greffe

Ousmane BA

RÉPUBLIQUE DU SÉNÉGAL

Un Peuple – Un But – Une Foi

DÉCISION n° 8/E/2024

AFFAIRES n° 62/E/24
n° 63/E/24

Demandeurs :
les partis politiques dénommés « Parti des Libéraux et Démocrates ANDE SOUQUALI (PLDA/AS) » et « OSEZ L'AVENIR ».
Abdou MBOW et 38 autres députés.

SÉANCE DU

25 SEPTEMBRE 2024

LE CONSEIL CONSTITUTIONNEL,

Vu la Constitution ;

Vu la loi organique n° 2016-23 du 14 juillet 2016 relative au Conseil constitutionnel ;
Vu le Code électoral ;
Vu le décret n° 2024-1980 du 12 septembre 2024 portant dissolution de l'Assemblée nationale ;
Vu les requêtes enregistrées au greffe du Conseil constitutionnel le 20 septembre 2024 ;
Vu les lettres de notification n° 102/Cc et n° 103/Cc du 23 septembre 2024 adressées respectivement au Président de la République et au Premier Ministre par le Président du Conseil constitutionnel, en application de l'article 14 de la loi organique n° 2016-23 du 14 juillet 2016 ;
Vu le mémoire de l'Etat du Sénégal représenté par l'Agent judiciaire de l'Etat ;
Vu les pièces des dossiers ;
Le rapporteur ayant été entendu ;
Après en avoir délibéré conformément à la loi ;

1. Considérant que par requête enregistrée le 20 septembre 2024 sous le n° 62/E/24, Maître Antoine MBENGUE, avocat, agissant pour le compte des partis politiques dénommés « Parti des Libéraux et Démocrates ANDE SOUQUALI (PLDA/AS) » et « OSEZ L'AVENIR », a saisi le Conseil constitutionnel d'un recours tendant à l'annulation du décret n° 2024-1981 du 13 septembre 2024 portant convocation du corps électoral en vue des élections législatives anticipées du dimanche 17 novembre 2024 ;
2. Considérant que par une autre requête enregistrée le 20 septembre 2024 sous le n° 63/E/24, Maître Antoine MBENGUE, avocat, agissant pour le compte de Abdou MBOW et 38 autres députés, a saisi le Conseil constitutionnel d'un recours tendant à l'annulation du décret n° 2024-1981 du 13 septembre 2024 portant convocation du corps électoral en vue des élections législatives anticipées du dimanche 17 novembre 2024 ;
3. Considérant que par mémoire enregistré au greffe le 24 septembre 2024, l'Etat du Sénégal, représenté par l'Agent judiciaire de l'Etat, a conclu, à titre principal, à l'irrecevabilité des requêtes et, à titre subsidiaire, à leur rejet ;

4. Considérant que les requêtes ont le même objet et tendent aux mêmes fins ; qu'il y a lieu de les joindre et de statuer par une seule décision ;

SUR LA COMPOSITION

5. Considérant que le Conseil constitutionnel, constatant l'empêchement temporaire de deux de ses membres, peut, conformément aux dispositions de l'article 23 de la loi organique n° 2016-23 du 14 juillet 2016 relative au Conseil constitutionnel, valablement délibérer et statuer avec les cinq membres présents ;

SUR LA COMPETENCE

5. Considérant qu'aux termes de l'article 92 de la Constitution, le Conseil constitutionnel est juge de la régularité des élections nationales ; qu'il peut, à ce titre, connaitre de la contestation des actes administratifs participant directement à la régularité d'une élection nationale, lorsque ces actes sont propres à ce scrutin ;

6. Considérant que le décret n° 2024-1981 du 13 septembre 2024 portant convocation du corps électoral en vue des élections législatives anticipées du dimanche 17 novembre 2024 remplit ces conditions ; que le Conseil constitutionnel est compétent ;

SUR LA RECEVABILITE

7. Considérant que l'article 4 de la Constitution prévoit, d'une part, que les partis politiques concourent à l'expression du suffrage dans les conditions fixées par la Constitution et la loi et, d'autre part, que la Constitution garantit des droits égaux aux partis politiques, y compris ceux qui s'opposent à la politique du Gouvernement en place ;

8. Considérant que ces textes confèrent aux partis politiques le droit de participer librement, sans entrave à toutes les consultations électorales dans les conditions fixées par la Constitution et la loi, le droit au même traitement lorsqu'ils se trouvent dans la même situation et la possibilité de donner des avis, notamment par la critique et la contribution sur les programmes et orientations du Gouvernement en place par le biais de l'élection de députés à l'Assemblée nationale ; que ce droit est reconnu également aux députés ;

9.Considérant que les requérants justifient, en conséquence, d'un intérêt légitime à agir ; que les requêtes sont recevables ;

SUR LE MOYEN TIRE DE LA VIOLATION DES ARTICLES L. 54, L. 68, L.176 et LO. 183 DU CODE ELECTORAL

10 Considérant que les requérants soutiennent qu'il ressort du rapport de présentation du décret n° 2024-1981 du 13 septembre 2024 portant convocation du corps électoral en vue des élections législatives anticipées du dimanche 17 novembre 2024, une interprétation erronée de la décision n° 2/C/2024 du 10 juillet 2024 relative à la demande d'avis du Président de la République ; qu'ils expliquent, en effet, que le passage de cette décision qui relève que « d'autres délais prévus par le Code électoral sont incompatibles avec le délai maximum de 90 jours prévu par l'article 87 de la Constitution pour l'organisation du scrutin », ne confère nullement au Président de la République la faculté de compresser les délais prévus par les articles L. 54, L. 68, L.176 et LO. 183 du Code électoral ; qu'ils concluent que le décret attaqué viole ces textes et doit être annulé ;

11. Considérant que les dispositions de l'article 87 de la Constitution prévalent sur les dispositions du Code électoral ; que dès lors qu'il n'est pas contesté que la date retenue par le décret attaqué pour la tenue du scrutin est conforme à ce texte, le calendrier électoral doit être défini en cohérence avec cette date ; que le moyen est rejeté ;

SUR LE MOYEN TIRE DE LA VIOLATION DU PRINCIPE D'EGALITE DES PARTIS POLITIQUES DEVANT LA LOI

12. Considérant que les requérants soutiennent que la décision rendue par le Conseil constitutionnel sur demande d'avis du Président de la République n'a pas été publiée ; qu'ils en déduisent une violation du principe d'égalité des partis politiques prévu par l'article 4 de la Constitution ;

13. Considérant, d'une part, que la décision du Conseil constitutionnel, rendue sur demande d'avis du Président de la République, a été publiée au Journal officiel n° 7759 du 6 septembre 2024 ;

14. Considérant, d'autre part, que cette décision ne fait pas partie du processus électoral dont le décret n° 2024-1980 du 12 septembre 2024 portant dissolution de l'Assemblée nationale et fixant

la date du scrutin pour les élections législatives anticipées au dimanche 17 novembre 2024 constitue le point de départ ; qu'en effet, l'avis donné par le Conseil constitutionnel au Président de la République ne porte pas sur l'opportunité de dissoudre ou non l'Assemblée nationale mais uniquement sur la date à partir de laquelle une dissolution est possible, celle-ci ne dépendant que de la volonté du Président de la République ; que le moyen est rejeté,

DÉCIDE :

Article premier- Les requêtes sont rejetées ;

Article 2- La présente décision sera publiée au *Journal officiel* de la République du Sénégal.

Délibéré par le Conseil constitutionnel en sa séance du 25 septembre 2024, où siégeaient Monsieur Mamadou Badio CAMARA, Président, Messieurs Mouhamadou DIAWARA, Youssoupha Diaw MBODJ, Madame Awa DIEYE et Monsieur Cheikh Ahmed Tidiane COULIBALY, membres.

Avec l'assistance de Maître Fatma NDIAYE, Chef du greffe par intérim.

En foi de quoi, la présente décision est signée par le Président, les autres membres et le Chef du greffe par intérim.

Le Président

Mamadou Badio CAMARA

Membre

Mouhamadou DIAWARA

Membre

Youssoupha Diaw MBODJ

Membre

Awa DIEYE

Membre

Cheikh Ahmed Tidiane COULIBALY

Le Chef du greffe par intérim

Fatma NDIAYE

RÉPUBLIQUE DU SÉNÉGAL

Un Peuple – Un But – Une Foi

DÉCISION n° 9/E/2024

AFFAIRE n° 64/E/24

Demande d'avis du Président de la République 30 septembre 2024

SÉANCE DU

1er octobre 2024

LE CONSEIL CONSTITUTIONNEL,

Vu la Constitution ;
Vu la loi organique n° 2016-23 du 14 juillet 2016 relative au Conseil constitutionnel ;
Vu le Code électoral ;
Vu la lettre confidentielle du Président de la République n° 547/ PR/CAB/MDC/SAN du 30 septembre 2024 ;
Le rapporteur ayant été entendu ;
Après en avoir délibéré conformément à la loi ;

- ***Sur la saisine***

1. Considérant que par lettre confidentielle n° 547/ PR/CAB/MDC/SAN du 30 septembre 2024, le Président de la République a saisi le Conseil constitutionnel, en procédure d'urgence, d'une demande d'avis sur les questions suivantes :
- « quel est l'avis de votre juridiction pour l'impression des bulletins de vote pour les élections législatives anticipées du 17 novembre 2024, sous le format 90 mm x 770 mm en recto simple ?
-quel est l'avis de votre juridiction sur le fait que les bulletins de vote pour les élections législatives puissent comporter uniquement la date et l'objet de l'élection, le nom du parti politique, de la coalition de partis politiques ou de l'entité regroupant des personnes indépendantes, le sigle et le symbole choisis et, éventuellement, le titre ? » ;

- ***Sur la composition***

2. Considérant que le Conseil constitutionnel, constatant l'empêchement temporaire d'un de ses membres, peut, conformément aux dispositions de l'article 23 de la loi organique n° 2016-23 du 14 juillet 2016 relative au Conseil constitutionnel, valablement délibérer et statuer avec les six membres présents ;

- ***Sur la recevabilité***

3. Considérant qu'aux termes de l'article 92, alinéa 2, de la Constitution, le Conseil constitutionnel peut être saisi par le Président de la République pour avis ; que la demande est recevable ;

- ***Sur la possibilité de faire figurer sur les bulletins de vote pour les élections législatives, uniquement la date et l'objet de l'élection, le nom du parti politique, de la coalition de partis politiques ou de l'entité regroupant des personnes indépendantes, le sigle, et le symbole choisis et éventuellement le titre***

4. Considérant qu' au soutien de la demande d'avis, il est exposé que le bulletin de vote n'est qu'un instrument

permettant à l'électeur de matérialiser son choix et qu'à ce titre, il suffit qu'il comporte les éléments permettant de distinguer sans difficulté les différents bulletins, notamment grâce à la couleur, la photo, le symbole et le sigle ; que s'agissant des élections législatives, l'identité des candidats est prise en compte par l'arrêté du Ministre chargé des élections ; qu'en conséquence, eu égard au nombre de candidatures enregistrées par la Commission de réception des dossiers de candidature, le fait de ne pas faire figurer la liste des candidats sur les bulletins de vote permet un gain de temps important dans un contexte d'urgence, sans préjudicier aux droits des candidats et des électeurs ;

5. Considérant que l'article L.173 du Code électoral met à la charge des partis politiques, des coalitions de partis politiques et des entités regroupant des personnes indépendantes l'obligation de présenter des listes complètes ; qu'en application de ce texte, l'article R.58 du Code électoral oblige l'Administration à mettre à la disposition de l'électeur des bulletins de vote comportant l'intégralité des listes de candidats pour chaque scrutin ;

6. Considérant que l'élection des députés, comme toute élection de liste, traduit un engagement collectif des candidats, matérialisé par la mention sur les bulletins de vote des éléments d'identification de ces derniers ; que l'unique photo de la tête de liste sur les bulletins de vote entraine une personnalisation incompatible avec ce type de scrutin et porte atteinte à l'égalité des candidats en violation des articles premier et 7 de la Constitution ;

7. Considérant que l'affichage sur le bulletin de vote du nom des candidats assure la transparence et la clarté du vote en ce qu'il permet au votant de connaître la composition complète de la liste et de s'assurer du respect de la réglementation électorale, notamment en ce qui concerne la parité prévue par les articles 7 de la Constitution et L.149 du Code électoral ;

8. Considérant qu'en comportant uniquement la date et l'objet de l'élection, le nom du parti politique, de la coalition de partis politiques ou de l'entité regroupant des personnes indépendantes, le sigle et le symbole choisis, éventuellement le titre, sans la liste complète des candidats titulaires et suppléants, les bulletins de vote ne permettent pas à l'électeur d'exercer son droit de vote en toute connaissance de cause, de façon libre et éclairée ;

9. Considérant, en conséquence, que les modifications envisagées sur les bulletins de vote sont substantielles et sont susceptibles d'influencer le choix de l'électeur, celui-ci ayant le droit, au moment de voter, de connaître les prénoms et nom des candidats ;

-Sur l'impression des bulletins de vote pour les élections législatives anticipées du 17 novembre 2024 sous le format 90 mm x 770 mm en recto simple

10. Considérant qu'il est soutenu dans la demande d'avis que l'impression des bulletins de vote sous le format 90 mm x 770 mm en recto simple permet, outre le gain de temps, un allègement important des charges financières inhérentes à l'organisation d'une élection, notamment dans le contexte actuel marqué par une forte tension au niveau des finances publiques ;

11. Considérant, cependant, que l'impression des bulletins de vote sous le format 90 mm x 770 mm en recto simple ne permet pas l'affichage sur les bulletins de vote de la liste des candidats titulaires et suppléants pour le scrutin du 17 novembre 2024 et constitue, en conséquence, une atteinte à l'exercice libre et éclairé du droit de vote que ne sauraient justifier, ni le coût de l'impression des bulletins, ni l'urgence, ces éléments n'étant ni imprévisibles, ni insurmontables ;

12. Considérant que la Constitution proclame dans son Préambule la volonté du Sénégal « d'être un État moderne qui fonctionne selon le jeu loyal et équitable entre une majorité qui

gouverne et une opposition démocratique, et un Etat qui reconnaît cette opposition comme un pilier fondamental de la démocratie et un rouage indispensable au bon fonctionnement du mécanisme démocratique » ;

13. Considérant, en conséquence, que sous réserve d'un large consensus entre les partis politiques, les coalitions de partis politiques et les entités regroupant des personnes indépendantes qui ont effectivement fait acte de candidature aux élections législatives anticipées du 17 novembre 2024, les bulletins de vote doivent être établis conformément aux dispositions légales et réglementaires en vigueur ;

14. Considérant qu'aux termes de l'article 24 de la loi organique n° 2016-23 du 14 juillet 2016 susvisée, le Conseil constitutionnel rend, en toutes matières, des décisions motivées,

DÉCIDE :

Article premier. - Sous réserve d'un large consensus entre les partis politiques, les coalitions de partis politiques et les entités regroupant des personnes indépendantes qui ont effectivement fait acte de candidature aux élections législatives anticipées du 17 novembre 2024, les bulletins de vote doivent être établis conformément aux dispositions légales et réglementaires en vigueur ;

Article 2.- La présente décision sera publiée au *Journal officiel* de la République du Sénégal et partout où besoin sera.

Délibéré par le Conseil constitutionnel en sa séance du 1er octobre 2024, où siégeaient Monsieur Mamadou Badio CAMARA, Président, Messieurs Mouhamadou DIAWARA, Youssoupha Diaw MBODJ, Madame Awa DIEYE, Messieurs Cheikh NDIAYE et Cheikh Ahmed Tidiane COULIBALY, membres.

Avec l'assistance de Maître Ousmane BA, Chef du greffe.

En foi de quoi, la présente décision est signée par le Président, les autres membres et le Chef du greffe.

Le Président

Mamadou Badio CAMARA

Membre

Mouhamadou DIAWARA

Membre

Youssoupha Diaw MBODJ

Membre

Awa DIEYE

Membre

Cheikh NDIAYE

Membre

Cheikh Ahmed Tidiane COULIBALY

Le Chef du greffe
Ousmane BA

RÉPUBLIQUE DU SÉNÉGAL

Un Peuple – Un But – Une Foi

DÉCISION n° 10/E/2024

AFFAIRE n° 65/E/24

Requête de Oumar TOP du 4 octobre 2024

SÉANCE DU

10 octobre 2024

MATIÈRE ELECTORALE

LE CONSEIL CONSTITUTIONNEL,

Vu la Constitution ;
Vu la loi organique n° 2016-23 du 14 juillet 2016 relative au Conseil constitutionnel ;
Vu le Code électoral ;
Vu la requête introduite le 4 octobre 2024 par Oumar TOP se déclarant candidat aux élections législatives du 17 novembre 2024 ;
Vu les pièces du dossier ;
Le rapporteur ayant été entendu ;
Après en avoir délibéré conformément à la loi ;

- ***Sur la saisine***

1. Considérant que par requête déposée au greffe le 4 octobre 2024 par Oumar TOP et enregistrée le 7 octobre 2024 sous le n° 65/E/24, Maître Ibrahima DIAGNE, avocat, agissant pour le compte de Moussa FALL, mandataire de l'entité indépendante dénommée « Parti pour la rénovation et l'émergence du Sénégal (PRES) » a saisi le Conseil constitutionnel d'un recours en contestation de la décision du Ministre de l'Intérieur rejetant la liste de candidats présentée par ledit parti pour le scrutin du 17 novembre 2024 ;

- ***Sur la composition***

2. Considérant que le Conseil constitutionnel, constatant l'empêchement temporaire d'un de ses membres, peut, conformément aux dispositions de l'article 23 de la loi organique n° 2016-23 du 14 juillet 2016 relative au Conseil constitutionnel, valablement délibérer et statuer avec les six membres présents ;

- ***Sur la recevabilité***

3. Considérant qu'aux termes des dispositions de l'article LO. 184 du Code électoral : « En cas de contestation d'un acte du Ministre chargé des élections pris en application des articles L.179, L.180 et LO. 183, les mandataires des listes de candidats peuvent, dans les vingt-quatre (24) heures suivant la notification de la décision ou sa publication, se pourvoir devant le Conseil constitutionnel qui statue dans les (03) trois jours qui suivent celui de l'enregistrement de la requête » ;

4. Considérant qu'il résulte des pièces du dossier, notamment du récépissé de dépôt dressé par le chef du greffe du Conseil constitutionnel, que le recours est déposé par Oumar TOP candidat aux élections législatives anticipées du 17 novembre 2024 et tête de la liste proportionnelle présentée par l'entité indépendante dénommée « Parti pour la Rénovation et l'Emergence du Sénégal (PRES) » ;

5. Considérant qu'il résulte des pièces du dossier, notamment de l'acte de notification du 1er octobre 2024 signé par le Ministre de l'Intérieur, que Moussa FALL est le mandataire de l'entité indépendante dénommée « Parti pour la Rénovation et l'Emergence du Sénégal (PRES) » ;

6. Considérant, en conséquence Oumar TOP qui ne justifie pas du mandat légal prévu par l'article LO. 184 précité n'a pas qualité pour saisir le Conseil constitutionnel ; que la requête est irrecevable ;

DÉCIDE :

Article premier. – La requête introduite par Oumar TOP est irrecevable ;

Article 2.- La présente décision sera publiée au *Journal officiel* de la République du Sénégal et partout où besoin sera.

Délibéré par le Conseil constitutionnel en sa séance du 10 octobre 2024, où siégeaient Monsieur Mamadou Badio CAMARA, Président, Messieurs Mouhamadou DIAWARA, Youssoupha Diaw MBODJ, Madame Awa DIEYE, Messieurs Cheikh NDIAYE et Cheikh Ahmed Tidiane COULIBALY, membres.

Avec l'assistance de Maître Ousmane BA, Chef du greffe.

En foi de quoi, la présente décision est signée par le Président, les autres membres et le Chef du greffe.

Le Président

Mamadou Badio CAMARA

Membre

Mouhamadou DIAWARA

Membre

Youssoupha Diaw MBODJ

Membre

Awa DIEYE

Membre

Cheikh NDIAYE

Membre

Cheikh Ahmed Tidiane COULIBALY

Le Chef du greffe

Ousmane BA

RÉPUBLIQUE DU SÉNÉGAL

Un Peuple – Un But – Une Foi

DÉCISION n° 11/E/2024

AFFAIRE n° 66/E/24

Requête de Maguette SY du 4 octobre 2024

SÉANCE DU

10 octobre 2024

MATIÈRE ELECTORALE

LE CONSEIL CONSTITUTIONNEL,

Vu la Constitution ;
Vu la loi organique n° 2016-23 du 14 juillet 2016 relative au Conseil constitutionnel ;
Vu le Code électoral ;
Vu le recours introduit le 7 octobre 2024 par Maguette SY, mandataire de la coalition « TAKKU WALLU SENEGAL » aux élections législatives du 17 novembre 2024 ;
Vu les pièces du dossier ;
Le rapporteur ayant été entendu ;
Après en avoir délibéré conformément à la loi ;

1. Considérant que par requête reçue au greffe du Conseil constitutionnel le 7 octobre 2024 et enregistrée le même jour sous le n° 67/E/24, Maguette SY, mandataire de la coalition « TAKKU WALLU SENEGAL » a saisi le Conseil constitutionnel d'un recours en contestation de la décision du Ministre de l'Intérieur n° 010129 du 1er octobre 2024 déclarant irrecevable la liste de candidats présentée pour le département de Bakel par ladite coalition pour le scrutin du 17 novembre 2024 ;

- ***Sur la composition***

2. Considérant que le Conseil constitutionnel, constatant l'empêchement temporaire d'un de ses membres, peut, conformément aux dispositions de l'article 23 de la loi organique n° 2016-23 du 14 juillet 2016 relative au Conseil constitutionnel, valablement délibérer et statuer avec les six membres présents ;

- ***Sur la recevabilité***

3. Considérant qu'aux termes des dispositions de l'article LO. 184 du Code électoral : « En cas de contestation d'un acte du Ministre chargé des élections pris en application des articles L.179, L.180 et LO. 183, les mandataires des listes de candidats peuvent, dans les vingt-quatre (24) heures suivant la notification de la décision ou sa publication, se pourvoir devant le Conseil constitutionnel qui statue dans les (03) trois jours qui suivent celui de l'enregistrement de la requête » ;

4. Considérant que le recours, introduit conformément aux dispositions de l'article LO. 184 précité, est recevable ;

5. Considérant que pour contester la décision du Ministre de l'Intérieur déclarant irrecevable la liste de la coalition « TAKKU WALLU SENEGAL » pour le département de Bakel, le requérant a soutenu que c'est à tort que la Commission de réception des dossiers de candidatures lui a refusé la possibilité de modifier l'ordre de présentation

des candidats en faisant passer Amy Yaya DIALLO de la positions de suppléante à celle titulaire à la place Ibrahima BALDE ; qu' il explique, en effet, que l'alinéa 4 de l'article L. 176 du Code électoral et la jurisprudence du Conseil constitutionnel l'autorisent, pendant la phase d'instruction des dossiers par la Commission, de procéder à ce changement ; qu'il sollicite en conséquence l'annulation de la décision du Ministre de l'Intérieur ;

6. Considérant qu'il ressort de la décision du Ministre de l'intérieur, que la coalition « TAKKU WALLU SENEGAL » a investi un seul candidat, aussi bien sur la liste des titulaires que sur celle des suppléants du département de Bakel, alors que le décret n° 2024-1982 du 13 septembre 2024 portant répartition des sièges au scrutin majoritaire pour les élections législatives du 17 novembre 2024 prévoit deux sièges pour ce département ;

7. Considérant que le requérant ne conteste pas les motifs de la décision du Ministre ;

8. Considérant qu'aux termes de l'article L.178 du Code électoral, « n'est pas recevable, la liste qui est incomplète » ;

9. Considérant, en conséquence, qu'il y a lieu de déclarer l'arrêté n° 010129 du 1er octobre 2024 du Ministre de l'Intérieur conforme à la loi et de rejeter la requête ;

DÉCIDE :

Article premier. – La requête introduite par Maguette SY est rejetée ;

Article 2.- La présente décision sera publiée au *Journal officiel* de la République du Sénégal et partout où besoin sera.

Délibéré par le Conseil constitutionnel en sa séance du 10 octobre 2024, où siégeaient Monsieur Mamadou Badio CAMARA, Président, Messieurs Mouhamadou DIAWARA, Youssoupha Diaw MBODJ, Madame Awa DIEYE, Messieurs Cheikh NDIAYE et Cheikh Ahmed Tidiane COULIBALY, membres.

Avec l'assistance de Maître Ousmane BA, Chef du greffe.

En foi de quoi, la présente décision est signée par le Président, les autres membres et le Chef du greffe.

Le Président

Mamadou Badio CAMARA

Membre

Mouhamadou DIAWARA

Membre

Youssoupha Diaw MBODJ

Membre

Awa DIEYE

Membre

Cheikh NDIAYE

Membre

Cheikh Ahmed Tidiane COULIBALY

Le Chef du greffe
Ousmane BA

RÉPUBLIQUE DU SÉNÉGAL

Un Peuple – Un But – Une Foi

DÉCISION n° 12/E/2024

AFFAIRE n° 67/E/24

Requête de Maguette SY du 4 octobre 2024

SÉANCE DU

10 octobre 2024

MATIÈRE ELECTORALE

LE CONSEIL CONSTITUTIONNEL,

Vu la Constitution ;
Vu la loi organique n° 2016-23 du 14 juillet 2016 relative au Conseil constitutionnel ;
Vu le Code électoral ;
Vu le recours introduit le 7 octobre 2024 par Maguette SY, mandataire de la coalition « TAKKU WALLU SENEGAL » aux élections législatives du 17 novembre 2024 ;
Vu le mémoire en réponse du 09 octobre 2024 ;
Vu les pièces du dossier ;
Le rapporteur ayant été entendu ;
Après en avoir délibéré conformément à la loi ;

1. Considérant que par requête reçue au greffe du Conseil constitutionnel le 7 octobre 2024 et enregistrée le même jour sous le n° 67/E/24, Maguette SY, mandataire de la coalition « TAKKU WALLU SENEGAL » a saisi le Conseil constitutionnel d'un recours en contestation de la décision du Ministre de l'Intérieur déclarant recevable la candidature de Ousmane SONKO investi sur la liste nationale par la coalition PASTEF pour les élections législatives du 17 novembre 2024 ;

- ***Sur la composition***

2. Considérant que le Conseil constitutionnel, constatant l'empêchement temporaire d'un de ses membres, peut, conformément aux dispositions de l'article 23 de la loi organique n° 2016-23 du 14 juillet 2016 relative au Conseil constitutionnel, valablement délibérer et statuer avec les six membres présents ;

-Sur la recevabilité

3. Considérant que pour soutenir la recevabilité du recours, le requérant se fonde sur les dispositions de l'article LO. 184 du Code électoral aux termes desquelles : « En cas de contestation d'un acte du Ministre chargé des élections pris en application des articles L.179, L.180 et LO. 183, les mandataires des listes de candidats peuvent, dans les vingt-quatre (24) heures suivant la notification de la décision ou sa publication, se pourvoir devant le Conseil constitutionnel qui statue dans les (03) trois jours qui suivent celui de l'enregistrement de la requête » ;

4. Considérant que la question de l'inéligibilité d'un candidat, prévue par l'article LO. 182 du Code électoral, ne fait pas partie des hypothèses, limitativement énumérées par l'article LO. 184 précité, pouvant donner lieu à une saisine du Conseil constitutionnel par les mandataires des listes de candidats ;

5. Considérant qu'il résulte de l'article LO. 182 du Code électoral, que s'il apparait qu'une déclaration de candidature a été déposée en faveur d'une personne inéligible, seul le Ministre chargé des élections peut saisir le Conseil constitutionnel ; qu'à défaut d'une telle saisine, dans le délai prévu par la loi, par l'autorité compétente, la candidature est reçue ;

6. Considérant, en conséquence, que le recours est irrecevable ;

DÉCIDE :

Article premier. – La requête introduite par Maguette SY est irrecevable ;

Article 2.- La présente décision sera publiée au *Journal officiel* de la République du Sénégal et partout où besoin sera.

Délibéré par le Conseil constitutionnel en sa séance du 10 octobre 2024, où siégeaient Monsieur Mamadou Badio CAMARA, Président, Messieurs Mouhamadou DIAWARA, Youssoupha Diaw MBODJ, Madame Awa DIEYE, Messieurs Cheikh NDIAYE et Cheikh Ahmed Tidiane COULIBALY, membres.

Avec l'assistance de Maître Ousmane BA, Chef du greffe.

En foi de quoi, la présente décision est signée par le Président, les autres membres et le Chef du greffe.

Le Président

Mamadou Badio CAMARA

Membre

Mouhamadou DIAWARA

Membre

Youssoupha Diaw MBODJ

Membre

Awa DIEYE

Membre

Cheikh NDIAYE

Membre

Cheikh Ahmed Tidiane COULIBALY

Le Chef du greffe

Ousmane BA

RÉPUBLIQUE DU SÉNÉGAL

Un Peuple – Un But – Une Foi

DÉCISION n° 13/E/2024

AFFAIRE n° 68/E/24

Requête de Maguette SY du 8 octobre 2024

SÉANCE DU

10 octobre 2024

MATIÈRE ELECTORALE

LE CONSEIL CONSTITUTIONNEL,

Vu la Constitution ;
Vu la loi organique n° 2016-23 du 14 juillet 2016 relative au Conseil constitutionnel ;
Vu le Code électoral ;
Vu le recours introduit le 8 octobre 2024 par Maguette SY, mandataire de la coalition « TAKKU WALLU SENEGAL » aux élections législatives du 17 novembre 2024 ;
Vu le mémoire en réponse du 9 octobre 2024 ;
Vu les pièces du dossier ;
Le rapporteur ayant été entendu ;
Après en avoir délibéré conformément à la loi ;

1.Considérant que par requête reçue au greffe du Conseil constitutionnel le 8 octobre 2024 et enregistrée le même jour sous le n° 68/E/24, Maguette SY, mandataire de la coalition « TAKKU WALLU SENEGAL » a saisi le Conseil constitutionnel d'un recours en contestation de la décision du Ministre de l'Intérieur n° 024785 du 7 octobre 2024 déclarant recevable la liste nationale des suppléants présentée par la coalition PASTEF pour le scrutin du 17 novembre 2024 ;

- ***Sur la composition***

2. Considérant que le Conseil constitutionnel, constatant l'empêchement temporaire d'un de ses membres, peut, conformément aux dispositions de l'article 23 de la loi organique n° 2016-23 du 14 juillet 2016 relative au Conseil constitutionnel, valablement délibérer et statuer avec les six membres présents ;

- ***Sur la recevabilité***

3. Considérant qu'aux termes des dispositions de l'article LO. 184 du Code électoral : « En cas de contestation d'un acte du Ministre chargé des élections pris en application des articles L.179, L.180 et LO. 183 du Code électoral, les mandataires des listes de candidats peuvent, dans les vingt-quatre (24) heures suivant la notification de la décision ou sa publication, se pourvoir devant le Conseil constitutionnel qui statue dans les (03) trois jours qui suivent celui de l'enregistrement de la requête » ;

4. Considérant que le recours, introduit conformément aux dispositions de l'article LO. 184 précité, est recevable ;

5. Considérant que pour contester la décision du Ministre de l'Intérieur, le requérant a soutenu, qu'en application de l'article L. 178 du Code électoral, la liste des suppléants présentée par la coalition « PASTEF » au scrutin proportionnel est irrecevable au motif qu'« aux 25ème, 26ème et 27ème » rangs dans l'ordre d'investiture, la parité homme-femme prévue par l'article L.149 du Code électoral, n'est pas respectée ;

6. Considérant que le requérant, qui ne procède que par simple affirmation, n'allègue et n'établit aucun fait susceptible d'établir que Hady GAYE figurant dans l'ordre d'investiture au 26ème rang n'est pas sexe féminin ;

7. Considérant en conséquence que la mention « F » qui figure à la rubrique « sexe » fait foi et atteste que Hady GAYE est de sexe féminin ; que la requête est rejetée ;

DÉCIDE :

Article premier. – La requête introduite par Maguette SY est rejetée ;

Article 2.- La présente décision sera publiée au *Journal officiel* de la République du Sénégal et partout où besoin sera.

Délibéré par le Conseil constitutionnel en sa séance du 10 octobre 2024, où siégeaient Monsieur Mamadou Badio CAMARA, Président, Messieurs Mouhamadou DIAWARA, Youssoupha Diaw MBODJ, Madame Awa DIEYE, Messieurs Cheikh NDIAYE et Cheikh Ahmed Tidiane COULIBALY, membres.

Avec l'assistance de Maître Ousmane BA, Chef du greffe.

En foi de quoi, la présente décision est signée par le Président, les autres membres et le Chef du greffe.

Le Président

Mamadou Badio CAMARA

Membre

Mouhamadou DIAWARA

Membre

Youssoupha Diaw MBODJ

Membre

Awa DIEYE

Membre

Cheikh NDIAYE

Membre

Cheikh Ahmed Tidiane COULIBALY

Le Chef du greffe

Ousmane BA

RÉPUBLIQUE DU SÉNÉGAL

Un Peuple – Un But – Une Foi

DÉCISION n° 14/E/2024

AFFAIRE n° 69/E/24

Requête de Maguette SY du 8 octobre 2024

SÉANCE DU

10 octobre 2024

MATIÈRE ELECTORALE

LE CONSEIL CONSTITUTIONNEL,

Vu la Constitution ;
Vu la loi organique n° 2016-23 du 14 juillet 2016 relative au Conseil constitutionnel ;
Vu le Code électoral ;
Vu le recours introduit le 8 octobre 2024 par Maguette SY, mandataire de la coalition « TAKKU WALLU SENEGAL » aux élections législatives du 17 novembre 2024 ;
Vu les pièces du dossier ;
Le rapporteur ayant été entendu ;
Après en avoir délibéré conformément à la loi ;

1.Considérant que par requête reçue au greffe du Conseil constitutionnel le 8 octobre 2024 et enregistrée le même jour sous le n° 69/E/24, Maguette SY, mandataire de la coalition « TAKKU WALLU SENEGAL », a saisi le Conseil constitutionnel d'un recours aux fins de déclarer Fanta CISSE régulièrement et exclusivement candidate suppléante sur la liste départementale de la coalition « TAKKU WALLU SENEGAL » et de déclarer recevable la liste de ladite coalition pour département Afrique de l'Ouest au scrutin majoritaire ;

- ***Sur la composition***

2. Considérant que le Conseil constitutionnel, constatant l'empêchement temporaire d'un de ses membres, peut, conformément aux dispositions de l'article 23 de la loi organique n° 2016-23 du 14 juillet 2016 relative au Conseil constitutionnel, valablement délibérer et statuer avec les six membres présents ;

- ***Sur la recevabilité***

3. Considérant qu'aux termes des dispositions de l'article LO. 184 du Code électoral : « En cas de contestation d'un acte du Ministre chargé des élections pris en application des articles L.179, L.180 et LO. 183, les mandataires des listes de candidats peuvent, dans les vingt-quatre (24) heures suivant la notification de la décision ou sa publication, se pourvoir devant le Conseil constitutionnel qui statue dans les (03) trois jours qui suivent celui de l'enregistrement de la requête » ;

4. Considérant que le recours, introduit conformément aux dispositions de l'article LO. 184 précité, est recevable ;

5. Considérant que le requérant a soutenu que Fanta CISSE est investie comme suppléante sur la liste de sa coalition pour le département de Kédougou ; qu'ayant découvert sa présence sur la liste des suppléants de la coalition JAMM AK NJARIN, Fanta CISSE a adressé une lettre de démission, concernant cette dernière investiture, à la Commission de réception des dossiers ; qu'il sollicite que Fanta CISSE soit déclarée « régulièrement et exclusivement candidate suppléante sur la liste départementale de la coalition TAKKU WALLU SENEGAL » ;

6. Considérant qu'il résulte de l'instruction du dossier que la coalition JAMM AK NJARIN a investi Maguette BOW comme suppléant pour le département de Kédougou ; que par ailleurs, l'instruction a révélé que Fanta CISSE est bien investie comme suppléante par la coalition « TAKKU WALLU SENEGAL » dans le département de Kédougou ; que la demande est sans objet ;

7. Considérant que le requérant a soutenu, par ailleurs, que pour déclarer irrecevable la liste de la coalition TAKKU WALLU SENEGAL, l'arrêté du ministre de l'Intérieur, se fondant sur les dispositions des articles L. 149 et L.173 du Code électoral, lui fait grief d'avoir investi deux candidats alors que le décret 2024-1982 du 13 septembre 2024 portant répartition des sièges de députés à élire au scrutin majoritaire départemental pour les élections législatives anticipées du 17 novembre 2024 prévoit trois candidats ; qu'il précise, cependant, qu'en pareille circonstance, il incombe au Ministre de l'Intérieur de notifier au mandataire le caractère incomplet du dossier ; que ce cette formalité, prévue par L. 179 du Code électoral n'ayant pas été respecté, il sollicite que la liste de TAKKU WALLU SENEGAL pour le département Afrique de l'Ouest soit déclarée recevable ;

8. Considérant que la formalité de notification prévue à l'article L. 179 précité permet au mandataire, en application des dispositions de l'article LO. 184 du Code électoral d'exercer le droit de recours devant le Conseil constitutionnel contre la décision du Ministre de l'Intérieur ; que malgré l'omission de cette formalité par le Ministre de l'Intérieur, le requérant a pu saisir le Conseil constitutionnel d'un recours en application de l'article LO. 184 précité ; qu'il n'est donc pas privé de ce droit ;

9. Considérant que l'article L. 173 du Code électoral prévoit que les listes doivent être complètes ; que le requérant reconnait que la coalition « TAKKU WALLU SENEGAL » n'a investi que deux candidats alors que le décret 2024-1982 du 13 septembre 2024 portant répartition des sièges de députés à élire au scrutin majoritaire départemental pour les élections législatives anticipées du 17 novembre 2024 prévoit trois candidats pour le département Afrique de l'Ouest ;

10. Considérant qu'aux termes de l'article L. 178 du Code électoral, est irrecevable la liste qui est incomplète ; que la demande est rejetée ;

11. Considérant que les demandes n'étant pas fondées, la requête est rejetée ;

DÉCIDE :

Article premier. – La requête introduite par Maguette SY est rejetée ;

Article 2.- La présente décision sera publiée au *Journal officiel* de la République du Sénégal et partout où besoin sera.

Délibéré par le Conseil constitutionnel en sa séance du 10 octobre 2024, où siégeaient Monsieur Mamadou Badio CAMARA, Président, Messieurs Mouhamadou DIAWARA, Youssoupha Diaw MBODJ, Madame Awa DIEYE, Messieurs Cheikh NDIAYE et Cheikh Ahmed Tidiane COULIBALY, membres.

Avec l'assistance de Maître Ousmane BA, Chef du greffe.

En foi de quoi, la présente décision est signée par le Président, les autres membres et le Chef du greffe.

Le Président

Mamadou Badio CAMARA

Membre

Mouhamadou DIAWARA

Membre

Awa DIEYE

Membre

Youssoupha Diaw MBODJ

Membre

Cheikh NDIAYE

Membre

Cheikh Ahmed Tidiane COULIBALY

Le Chef du greffe

Ousmane BA

RÉPUBLIQUE DU SÉNÉGAL

Un Peuple – Un But – Une Foi

DÉCISION n° 15/E/2024

AFFAIRE n° 70/E/24

Requête de Abdoulaye BA du 8 octobre 2024

SÉANCE DU

10 octobre 2024

MATIÈRE ELECTORALE

LE CONSEIL CONSTITUTIONNEL,

Vu la Constitution ;
Vu la loi organique n° 2016-23 du 14 juillet 2016 relative au Conseil constitutionnel ;
Vu le Code électoral ;
Vu le recours introduit le 8 octobre 2024 par Abdoulaye BA, mandataire de la coalition « ALLIANCE SAMM SUNNU SENEGAL » aux élections législatives du 17 novembre 2024 ;
Vu les pièces du dossier ;
Le rapporteur ayant été entendu ;
Après en avoir délibéré conformément à la loi ;

1.Considérant que par requête reçue au greffe du Conseil constitutionnel le 8 octobre 2024 et enregistrée le même jour sous le n° 70/E/24, Abdoulaye BA, mandataire de la coalition « ALLIANCE SAMM SUNNU SENEGAL » a saisi le Conseil constitutionnel d'un recours en annulation de la décision n° 010098 du 1er octobre 2024 ayant déclaré irrecevable la liste de ladite coalition ;

- ***Sur la composition***

2. Considérant que le Conseil constitutionnel, constatant l'empêchement temporaire d'un de ses membres, peut, conformément aux dispositions de l'article 23 de la loi organique n° 2016-23 du 14 juillet 2016 relative au Conseil constitutionnel, valablement délibérer et statuer avec les six membres présents ;

- ***Sur la recevabilité***

3. Considérant qu'aux termes des dispositions de l'article LO. 184 du Code électoral : « En cas de contestation d'un acte du Ministre chargé des élections pris en application des articles L.179, L.180 et LO. 183, les mandataires des listes de candidats peuvent, dans les vingt-quatre (24) heures suivant la notification de la décision ou sa publication, se pourvoir devant le Conseil constitutionnel qui statue dans les (03) trois jours qui suivent celui de l'enregistrement de la requête » ;

4. Considérant que le recours, introduit conformément aux dispositions de l'article LO. 184 précité, est recevable ;

5. Considérant que le requérant fait grief à l'arrêté attaqué d'avoir déclaré irrecevable la liste de sa coalition au motif que celle-ci est incomplète du fait, d'une part que la liste des titulaires est incomplète et, d'autre part, qu'elle ne comporte pas une liste de suppléants au scrutin proportionnel ; qu'il explique, en effet, que, contrairement au motif de la décision du Ministre, la coalition a déposé aussi bien une liste de titulaires complète qu'une liste de suppléants ;

6. Considérant que l'arrêté attaqué a déclaré irrecevable les candidatures de la coalition « ALLIANCE SAMM SUNNU SENEGAL pour n'avoir déposé qu'une liste de titulaires incomplète, sans liste de suppléants pour le scrutin proportionnel, en violation des dispositions de l'article L. 178-1 du Code électoral » ;

7. Considérant qu'il résulte de l'instruction des dossiers de candidature, transmises par la Direction générale des Elections au Conseil constitutionnel, qu'un certain nombre de dossier de candidature des titulaires ainsi que la totalité des dossiers de candidature des suppléants de la liste nationale ne sont pas accompagnés des pièces et mentions exigées par les dispositions des articles L. 173 et L. 174 du Code électoral ; que le moyen est rejeté ;

DÉCIDE :

Article premier. – La requête introduite par Abdoulaye BA est rejetée ;

Article 2.- La présente décision sera publiée au *Journal officiel* de la République du Sénégal et partout où besoin sera.

Délibéré par le Conseil constitutionnel en sa séance du 10 octobre 2024, où siégeaient Monsieur Mamadou Badio CAMARA, Président, Messieurs Mouhamadou DIAWARA, Youssoupha Diaw MBODJ, Madame Awa DIEYE, Messieurs Cheikh NDIAYE et Cheikh Ahmed Tidiane COULIBALY, membres.

Avec l'assistance de Maître Ousmane BA, Chef du greffe.

En foi de quoi, la présente décision est signée par le Président, les autres membres et le Chef du greffe.

Le Président

Mamadou Badio CAMARA

Membre

Mouhamadou DIAWARA

Membre

Youssoupha Diaw MBODJ

Membre

Awa DIEYE

Membre

Cheikh NDIAYE

Membre

Cheikh Ahmed Tidiane COULIBALY

Le Chef du greffe
Ousmane BA

RÉPUBLIQUE DU SÉNÉGAL

Un Peuple – Un But – Une Foi

DÉCISION n° 16/E/2024

AFFAIRE n° 71/E/24

Requête de Birane Yaya WANE du 8 octobre 2024

SÉANCE DU

10 octobre 2024

MATIÈRE ELECTORALE

LE CONSEIL CONSTITUTIONNEL,

Vu la Constitution ;
Vu la loi organique n° 2016-23 du 14 juillet 2016 relative au Conseil constitutionnel ;
Vu le Code électoral ;
Vu la requête introduite le 8 octobre 2024 par Birane Yaya WANE se déclarant candidat aux élections législatives du 17 novembre 2024 ;
Vu les pièces du dossier ;
Le rapporteur ayant été entendu ;
Après en avoir délibéré conformément à la loi ;

- ***Sur la saisine***

1. Considérant que par requête reçue au greffe le 8 octobre 2024 et enregistrée le même jour sous le n° 71/E/24, Birane Yaya WANE a saisi le Conseil constitutionnel en vue de « l'intégration des 09 listes départementales du Secteur Privé sur les listes électorales » pour le scrutin du 17 novembre 2024 ;

- ***Sur la composition***

2. Considérant que le Conseil constitutionnel, constatant l'empêchement temporaire d'un de ses membres, peut, conformément aux dispositions de l'article 23 de la loi organique n° 2016-23 du 14 juillet 2016 relative au Conseil constitutionnel, valablement délibérer et statuer avec les six membres présents ;

- ***Sur la recevabilité***

3. Considérant qu'aux termes des dispositions de l'article LO. 184 du Code électoral : « En cas de contestation d'un acte du Ministre chargé des élections pris en application des articles L.179, L.180 et LO. 183, les mandataires des listes de candidats peuvent, dans les vingt-quatre (24) heures suivant la notification de la décision ou sa publication, se pourvoir devant le Conseil constitutionnel qui statue dans les (03) trois jours qui suivent celui de l'enregistrement de la requête » ;

4. Considérant qu'il résulte des pièces du dossier, notamment du récépissé de dépôt dressé par le chef du greffe du Conseil constitutionnel, que le recours est déposé par Birane Yaya WANE candidat aux élections législatives anticipées du 17 novembre 2024 et tête de la liste de l'entité regroupant des personnes indépendantes dénommée « SECTEUR PRIVE » ;

5. Considérant qu'il résulte des pièces du dossier que Landing BADJI est le mandataire de l'entité indépendante dénommée « SECTEUR PRIVE » ;

6. Considérant, en conséquence, que Birane Yaya WANE, qui ne justifie pas du mandat légal prévu par l'article LO. 184 précité, n'a pas qualité pour saisir le Conseil constitutionnel ; que la requête est irrecevable ;

DÉCIDE :

Article premier. – La requête introduite par Birane Yaya WANE est irrecevable ;

Article 2.- La présente décision sera publiée au *Journal officiel* de la République du Sénégal et partout où besoin sera.

Délibéré par le Conseil constitutionnel en sa séance du 10 octobre 2024, où siégeaient Monsieur Mamadou Badio CAMARA, Président, Messieurs Mouhamadou DIAWARA, Youssoupha Diaw MBODJ, Madame Awa DIEYE, Messieurs Cheikh NDIAYE et Cheikh Ahmed Tidiane COULIBALY, membres.

Avec l'assistance de Maître Ousmane BA, Chef du greffe.

En foi de quoi, la présente décision est signée par le Président, les autres membres et le Chef du greffe.

Le Président

Mamadou Badio CAMARA

Membre

Mouhamadou DIAWARA

Membre

Youssoupha Diaw MBODJ

Membre

Awa DIEYE

Membre

Cheikh NDIAY

Membre

Cheikh Ahmed Tidiane COULIBALY

Le Chef du greffe

Ousmane BA

RÉPUBLIQUE DU SÉNÉGAL

Un Peuple – Un But – Une Foi

DÉCISION n° 17/E/2024

AFFAIRE n° 72/E/24

Requête de Modou DIEYE du 8 octobre 2024

SÉANCE DU

10 octobre 2024

MATIÈRE ELECTORALE

LE CONSEIL CONSTITUTIONNEL,

Vu la Constitution ;
Vu la loi organique n° 2016-23 du 14 juillet 2016 relative au Conseil constitutionnel ;
Vu le Code électoral ;
Vu le recours introduit le 8 octobre 2024 par Modou DIEYE, mandataire de la coalition « AND LIGUEY SUNU REW/A. L. S. R » aux élections législatives du 17 novembre 2024 ;
Vu les pièces du dossier ;
Le rapporteur ayant été entendu ;
Après en avoir délibéré conformément à la loi ;

1. Considérant que par requête reçue au greffe du Conseil constitutionnel le 8 octobre 2024 et enregistrée le même jour sous le n° 72/E/24, Modou DIEYE, mandataire de la coalition « AND LIGUEY SUNU REW/A.L.S.R », a saisi le Conseil constitutionnel d'un recours en contestation de la décision du Ministre de l'Intérieur déclarant recevable la candidature de Barthelemy Toye DIAZ investi sur la liste nationale de la coalition « SAMM SA KADDU » pour les élections législatives du 17 novembre 2024 ;

- ***Sur la composition***

2. Considérant que le Conseil constitutionnel, constatant l'empêchement temporaire d'un de ses membres, peut, conformément aux dispositions de l'article 23 de la loi organique n° 2016-23 du 14 juillet 2016 relative au Conseil constitutionnel, valablement délibérer et statuer avec les six membres présents ;

-Sur la recevabilité

3. Considérant que pour soutenir la recevabilité de son recours, le requérant se fonde sur les dispositions de l'article LO. 184 du Code électoral aux termes desquelles : « En cas de contestation d'un acte du Ministre chargé des élections pris en application des articles L.179, L.180 et LO. 183, les mandataires des listes de candidats peuvent, dans les vingt-quatre (24) heures suivant la notification de la décision ou sa publication, se pourvoir devant le Conseil constitutionnel qui statue dans les (03) trois jours qui suivent celui de l'enregistrement de la requête » ;

4. Considérant que la question de l'inéligibilité d'un candidat, prévue par l'article LO. 182 du Code électoral, ne fait pas partie des hypothèses, limitativement énumérées par l'article LO. 184 précité, pouvant donner lieu à une saisine du Conseil constitutionnel par les mandataires des listes de candidats ;

5. Considérant qu'il résulte de l'article LO. 182 du Code électoral, que s'il apparait qu'une déclaration de candidature a été déposée en faveur d'une personne inéligible, seul le Ministre chargé des élections peut saisir le Conseil constitutionnel ; qu'à défaut d'une telle saisine, dans le délai prévu par la loi, par l'autorité compétente, la candidature est reçue ;

6. Considérant, en conséquence, que le recours est irrecevable ;

DÉCIDE :

Article premier. – La requête introduite par Modou DIEYE est irrecevable ;

Article 2.- La présente décision sera publiée au *Journal officiel* de la République du Sénégal et partout où besoin sera.

Délibéré par le Conseil constitutionnel en sa séance du 10 octobre 2024, où siégeaient Monsieur Mamadou Badio CAMARA, Président, Messieurs Mouhamadou DIAWARA, Youssoupha Diaw MBODJ, Madame Awa DIEYE, Messieurs Cheikh NDIAYE et Cheikh Ahmed Tidiane COULIBALY, membres.

Avec l'assistance de Maître Ousmane BA, Chef du greffe.

En foi de quoi, la présente décision est signée par le Président, les autres membres et le Chef du greffe.

Le Président

Mamadou Badio CAMARA

Membre

Mouhamadou DIAWARA

Membre

Youssoupha Diaw MBODJ

Membre

Awa DIEYE

Membre

Cheikh NDIAY

Membre

Cheikh Ahmed Tidiane COULIBALY

Le Chef du greffe

Ousmane BA

RÉPUBLIQUE DU SÉNÉGAL

Un Peuple – Un But – Une Foi

DÉCISION n° 18/E/2024

AFFAIRE n° 72/E/24

Requête de Mamadou SIDIBE du 9 octobre 2024

SÉANCE DU

10 octobre 2024

MATIÈRE ELECTORALE

LE CONSEIL CONSTITUTIONNEL,

Vu la Constitution ;
Vu la loi organique n° 2016-23 du 14 juillet 2016 relative au Conseil constitutionnel ;
Vu le Code électoral ;
Vu le recours introduit le 8 octobre 2024 par Maguette SY, mandataire de la coalition « TAKKU WALLU SENEGAL » aux élections législatives du 17 novembre 2024 ;
Vu les pièces du dossier ;
Le rapporteur ayant été entendu ;
Après en avoir délibéré conformément à la loi ;

1. Considérant que par requête reçue au greffe du Conseil constitutionnel le 9 octobre 2024 et enregistrée le même jour sous le n° 72 /E/24, Mamadou SIDIBY, mandataire de l'entité « FRONT ETHIQUE REPUBLICAIN AVEC MAMADOU SIDIBE (FERMS) », a saisi le Conseil constitutionnel d'un recours aux fins de faire déclarer recevable la liste de ladite entité ;

- ***Sur la composition***

2. Considérant que le Conseil constitutionnel, constatant l'empêchement temporaire d'un de ses membres, peut, conformément aux dispositions de l'article 23 de la loi organique n° 2016-23 du 14 juillet 2016 relative au Conseil constitutionnel, valablement délibérer et statuer avec les six membres présents ;

- ***Sur la recevabilité***

3. Considérant qu'aux termes des dispositions de l'article LO. 184 du Code électoral : « En cas de contestation d'un acte du Ministre chargé des élections pris en application des articles L.179, L.180 et LO. 183, les mandataires des listes de candidats peuvent, dans les vingt-quatre (24) heures suivant la notification de la décision ou sa publication, se pourvoir devant le Conseil constitutionnel qui statue dans les (03) trois jours qui suivent celui de l'enregistrement de la requête » ;

4. Considérant que le recours, introduit conformément aux dispositions de l'article LO. 184 précité, est recevable ;

5. Considérant que le requérant expose que par l'arrêté n° 024785 du 07 octobre 2024 le Ministre de l'Intérieur et de la Sécurité publique a déclaré irrecevable la liste de candidats de l'entité FERMS aux élections législatives du 17 novembre 2024 sans avoir, au préalable, notifié au mandataire de ladite entité les motifs de l'irrecevabilité ; qu'il sollicite, en conséquence, que la liste soit déclarée recevable ;

6. Considérant que la formalité de notification, prévue à l'article L. 179 précité, a pour but de permettre au mandataire, en application des dispositions de l'article LO. 184 du Code

électoral, d'exercer son droit de recours devant le Conseil constitutionnel contre la décision du Ministre de l'Intérieur ; que malgré l'omission de cette formalité par le Ministre de l'Intérieur, le requérant a pu saisir le Conseil constitutionnel d'un recours en application de l'article LO. 184 précité ; qu'il n'est donc pas privé de ce droit ;

7. Considérant que pour déclarer irrecevable la liste de la coalition FERMS, l'arrêté précité a relevé le caractère incomplet de ladite liste ;

8. Considérant que l'article L. 173 du Code électoral prévoit que les listes doivent être complètes ; que le requérant n'a fait prévaloir devant le Conseil constitutionnel aucun moyen tendant à établir que la liste de l'entité FERMS était complète au moment du dépôt ;

9. Considérant qu'aux termes de l'article L. 178 du Code électoral, est irrecevable la liste qui est incomplète ; que la requête est rejetée ;

DÉCIDE :

Article premier. – La requête introduite par Mamadou SIDIBE est rejetée ;

Article 2.- La présente décision sera publiée au *Journal officiel* de la République du Sénégal et partout où besoin sera.

Délibéré par le Conseil constitutionnel en sa séance du 10 octobre 2024, où siégeaient Monsieur Mamadou Badio CAMARA, Président, Messieurs Mouhamadou DIAWARA, Youssoupha Diaw MBODJ, Madame Awa DIEYE, Messieurs Cheikh NDIAYE et Cheikh Ahmed Tidiane COULIBALY, membres.

Avec l'assistance de Maître Ousmane BA, Chef du greffe.

En foi de quoi, la présente décision est signée par le Président, les autres membres et le Chef du greffe.

Le Président

Mamadou Badio CAMARA

Membre

Mouhamadou DIAWARA

Membre

Youssoupha Diaw MBODJ

Membre

Awa DIEYE

Membre

Cheikh NDIAYE

Membre

Cheikh Ahmed Tidiane COULIBALY

Le Chef du greffe

Ousmane BA

RÉPUBLIQUE DU SÉNÉGAL

Un Peuple – Un But – Une Foi

DÉCISION n° 19/E/2024

AFFAIRE n° 74/E/24

Requête de Mouhamadou Moustapha SECK du 9 octobre 2024

SÉANCE DU

10 octobre 2024

MATIÈRE ELECTORALE

LE CONSEIL CONSTITUTIONNEL,

Vu la Constitution ;
Vu la loi organique n° 2016-23 du 14 juillet 2016 relative au Conseil constitutionnel ;
Vu le Code électoral ;
Vu la requête introduite le 9 octobre 2024 par Mouhamadou Moustapha SECK se déclarant candidat aux élections législatives du 17 novembre 2024 ;
Vu les pièces du dossier ;
Le rapporteur ayant été entendu ;
Après en avoir délibéré conformément à la loi ;

1. Considérant que par requête déposée au greffe le 9 octobre 2024 par et enregistrée le 7 octobre 2024 sous le n° 74/E/24, Mouhamadou Moustapha SECK a saisi le Conseil constitutionnel d'une requête tendant à faire constater sa démission ainsi que celle de trois autres candidats investis sur la liste des suppléants de la coalition « AND BEESAL SENEGAL » ;

- ***Sur la composition***

2.Considérant que le Conseil constitutionnel, constatant l'empêchement temporaire d'un de ses membres, peut, conformément aux dispositions de l'article 23 de la loi organique n° 2016-23 du 14 juillet 2016 relative au Conseil constitutionnel, valablement délibérer et statuer avec les six membres présents ;

- ***Sur la recevabilité***

3. Considérant qu'aux termes des dispositions de l'article LO. 184 du Code électoral seuls les mandataires des listes de candidats peuvent, se pourvoir devant le Conseil constitutionnel ;
4.Considérant que Mouhamadou Moustapha SECK n'a pas agi en qualité de mandataire de la coalition « AND BEESAL SENEGAL » ; que la requête est irrecevable ;

DÉCIDE :

Article premier. – La requête introduite par Mouhamadou Moustapha SECK est irrecevable ;

Article 2.- La présente décision sera publiée au *Journal officiel* de la République du Sénégal et partout où besoin sera.

Délibéré par le Conseil constitutionnel en sa séance du 10 octobre 2024, où siégeaient Monsieur Mamadou Badio CAMARA, Président, Messieurs Mouhamadou DIAWARA, Youssoupha Diaw MBODJ, Madame Awa

DIEYE, Messieurs Cheikh NDIAYE et Cheikh Ahmed Tidiane COULIBALY, membres.

Avec l'assistance de Maître Ousmane BA, Chef du greffe.

En foi de quoi, la présente décision est signée par le Président, les autres membres et le Chef du greffe.

Le Président

Mamadou Badio CAMARA

Membre

Membre

Mouhamadou DIAWARA

Youssoupha Diaw MBODJ

Membre

Membre

Awa DIEYE

Cheikh NDIAYE

Membre

Cheikh Ahmed Tidiane COULIBALY

Le Chef du greffe

Ousmane BA

RÉPUBLIQUE DU SÉNÉGAL

Un Peuple – Un But – Une Foi

DÉCISION n° 20/E/2024

AFFAIRE n° 75/E/24

SÉANCE DU 27 NOVEMBRE 2024

MATIÈRE ÉLECTORALE : PROCLAMATION DES RÉSULTATS DÉFINITIFS DES ÉLECTIONS LÉGISLATIVES ANTICIPEES DU 17 NOVEMBRE 2024

LE CONSEIL CONSTITUTIONNEL,

Statuant en matière électorale, en vue de la proclamation des résultats définitifs des élections législatives anticipées du 17 novembre 2024, conformément à l'article 92 de la Constitution et à l'article 2 de la loi organique n° 2016-23 du 14 juillet 2016 relative au Conseil constitutionnel, a rendu la décision dont la teneur suit :

Vu la Constitution ;

Vu la loi organique n° 2016-23 du 14 juillet 2016 relative au Conseil constitutionnel ;

Vu la loi n° 2021-35 du 23 juillet 2021 portant Code électoral, modifiée ;

Vu le décret n° 2024-1980 du 12 septembre 2024 portant dissolution de l'Assemblée nationale ;

Vu le décret n° 2024-1981 du 13 septembre 2024 portant convocation du corps électoral ;

Vu le décret n° 2024-1982 du 13 septembre 2024 portant répartition des sièges de députés à élire au scrutin majoritaire départemental pour les élections législatives anticipées du 17 novembre 2024 ;

Vu l'arrêté n° 024785 du 7 octobre 2024 portant publication des déclarations de candidature reçues en vue des élections législatives anticipées du 17 novembre 2024 ;

Vu la décision n° 2/C/2024 du 10 juillet 2024 du Conseil constitutionnel statuant sur demande d'avis du Président de la République ;

Vu le procès-verbal de la Commission nationale de Recensement des Votes du 21 novembre 2024 portant proclamation des résultats provisoires des élections législatives anticipées du 17 novembre 2024 ;

Vu la lettre n° 740/2024/PPCAD/FM du 22 novembre 2024 du Premier président de la Cour d'Appel de Dakar, président de la Commission nationale de Recensement des votes, portant transmission du rapport général de ladite Commission sur les résultats provisoires des élections législatives anticipées du 17 novembre 2024 ;

Vu les procès-verbaux des Commissions départementales de Recensement des Votes, les listes d'émargement, les feuilles de dépouillement, les documents des bureaux de vote et les autres pièces du dossier ;

Le rapporteur ayant été entendu ;

Après en avoir délibéré conformément à la loi ;

1. Considérant que, conformément à l'article L.89 du Code électoral, le Président de la Commission nationale de Recensement des Votes a transmis, le 21 novembre 2024, au greffe du Conseil constitutionnel, qui l'a reçu et enregistré le même jour sous le numéro 107, le procès-verbal de proclamation des résultats provisoires des élections législatives anticipées du 17 novembre 2024, accompagné des documents électoraux, et par lettre n° 740/2024/PPCAD/FM du 22 novembre 2024, a adressé au Président du Conseil constitutionnel le rapport général de ladite Commission ;

2. Considérant que l'article L.151 alinéa 5 du Code électoral dispose : « Sont élus les candidats de la liste qui a obtenu le plus grand nombre de suffrages valablement exprimés. Si le département ne comporte qu'un siège à pourvoir, le candidat ayant obtenu le plus grand nombre de suffrages valablement exprimés est élu » ; que l'article L.153 du même Code précise : « Pour le scrutin proportionnel sur une liste nationale, il est appliqué le système du quotient national. Pour déterminer ce quotient, on divise le nombre total des suffrages valablement exprimés par le nombre des députés à élire pour ce scrutin. Autant de fois ce quotient est contenu dans le nombre des suffrages obtenus par chaque liste, autant celle-ci obtient de candidats élus. La répartition des restes se fait selon le système du plus fort reste » ;

3. Considérant qu'en application de ces dispositions, la Commission nationale de Recensement des Votes, a procédé à la répartition des sièges et a publié les résultats du scrutin ;

4. Considérant que l'article LO.194 du Code électoral dispose en son alinéa premier : « Si aucune contestation relative à la régularité des opérations électorales n'a été déposée au greffe du Conseil constitutionnel par l'un des candidats dans les cinq (5) jours suivant la proclamation provisoire, le Conseil constitutionnel déclare les députés définitivement élus.
Les résultats définitifs des élections législatives font l'objet d'une publication dans le journal officiel bureau de vote par bureau de vote.
Cette publication est faite sur internet ou par tout autre moyen de communication. » ;

5. Considérant qu'aucune contestation n'a été déposée au greffe du Conseil constitutionnel dans le délai prescrit par l'article LO. 194 précité ;

Après avoir procédé aux ajustements et redressements nécessaires,

DÉCIDE :

Article premier. – Les résultats définitifs du scrutin pour les élections législatives anticipées du 17 novembre 2024 s'établissent comme suit :

Électeurs inscrits :	7 371 891
Votants :	3 650 120
Bulletins nuls :	26 487
Suffrages valablement exprimés :	3 623 633
Quotient national :	68 370,43
Taux de participation :	49,51%

Ont obtenu :

ORDRE	PARTIS, COALITIONS, ENTITES INDEPENDANTES	TOTAL DES SUFFRAGES OBTENUS	SIEGES OBTENUS AU SCRUTIN NATIONAL	SIEGES OBTENUS AU SCRUTIN DEPART.	TOTAL DES SIEGES OBTENUS
1.	ENTITE INDEPENDANTE AND LIGUEY SUNU REW/ ALSR	19373	0	0	0
2.	COALITION SENEGAAL KESE	25822	1	0	1
3.	COALITION RV NAATANGUE	14736	0	0	0
4.	ENTITE INDEPENDANTE UNION DES GROUPES PATRIOTIQUES	6467	0	0	0

5.	COALITION POLE ALTERNATIF 3ème VOIE KIRAAY AK NATANGUE	26775	1	0	1
6.	COALITION XAAL YOON	8650	0	0	0
7.	PARTI UNION CITOYENNE BUNT- BI	5125	0	0	0
8.	COALITION JUBANTI SENEGAL	15740	0	0	0
9.	COALITION AND CI KOOLUTE NGUIR SENEGAL (AKS)	21391	1	0	1
10.	ENTITE INDEPENDANTE ALSAR	16521	0	0	0
11.	COALITION NAFOORE SENEGAL	10577	0	0	0
12.	COALITION UNION NATIONALE POUR L'INTEGRATION, LE TRAVAIL ET L'EQUITE (U.N.I.T.E)	8511	0	0	0
13.	ENTITE INDEPENDANTE SAMM SA GAFAKA-SAMM SA ELLEG ACSIF	3824	0	0	0
14.	COALITION WAREEF	5868	0	0	0
15.	COALITION ACTIONS	10150	0	0	0
16.	ENTITE INDEPENDANTE UNION NAATALL KAAW-GUI (U.N.K)	7274	0	0	0
17.	COALITION DUNDU	9686	0	0	0
18.	COALITION LA MARCHE DES TERRITOIRES/ ANDU-NAWLE	47636	1	1	2
19.	ENTITE INDEPENDANTE LES NATIONALISTES/ JEL LINU MOOM	26876	1	0	1
20.	COALITION MANKOO LIGGEEYAL SENEGAAL (MLS)	11733	0	0	0
21.	COALITION DEKKAL TERANGA	16446	0	0	0
22.	AND DOOLEL LIGUEY KAT YI	12881	0	0	0
23.	PARTI ENSEMBLE POUR LE SENEGAL (PEPS)	16482	0	0	0
24.	COALITION AND BEESAL SENEGAL	20765	1	0	1
25.	PARTI GARAP-ADS	6850	0	0	0
26.	ENTITE INDEPENDANTE COALITION GOX YU BEES	15510	0	0	0
27.	COALITION REPUBLICAINE SAMM	10171	0	0	0

	SUNU REW-JOTALI KADDU ASKANWI				
28.	COALITION DEFAR SA GOKH	5125	0	0	0
29.	COALITION FEDERATION DU RENOUVEAU	12277	0	0	0
30.	PARTI ALLIANCE JEF JEL	5045	0	0	0
31.	PARTI PASTEF	1991770	29	101	130
32.	ENTITE INDEPENDANTE ALLIANCE NATIONALE POUR LA PATRIE	11535	0	0	0
33.	COALITION FARLU	28303	1	0	1
34.	ENTITE INDEPENDANTE AND-SUXALI-PRODUCTION-TRANSPORT-AK-COMMMERCE-LAAP-FAL-JIKKO	16570	0	0	0
35.	ENTITE INDEPENDANTE SECTEUR PRIVE	7415	0	0	0
36.	COALITION DIAM AK NJARIN	330865	5	2	7
37.	COALITION SAMM SA KAADU	222060	3	0	3
38.	PARTI BES DU NIAKK	19923	0	0	0
39.	COALTION TAKKU WALLU SENEGAL (TWS)	531466	8	8	16
40.	ENTITE INDEPENDANTE GRAND RASSEMBLEMENT DES ARTISANS DU SENEGAL	16448	0	0	0
41.	COALITION SOPI SENEGAL	22991	1	0	1

Article 2.- Sont déclarés définitivement élus députés à l'Assemblée nationale :

I – AU SCRUTIN DE LA LISTE NATIONALE

Coalition Senegaal Kesé

1. THIERNO ALASSANE SALL ;

Coalition pole alternatif 3ème voie kiraay ak natangue

1. BIRIMA MANGARA ;

Coalition And Ci Koolute Nguir Sénégal (A.K.S)

1. ABDOUL KARIM SALL ;

Coalition La Marche des Territoires/Andu Nawlé

1. MAGUETTE SENE ;

Entité indépendante Les Nationalistes / Jël liñu Moom

1. PAPA TAHIROU SARR ;

Coalition And Bessal Senegal

1. ABDOULAYE SYLLA ;

Parti PASTEF

1. OUSMANE SONKO ;
2. MBENE FAYE ;
3. SALIOU NDIONE ;
4. MARIE ANG MAME SELBE DIOUF ;
5. ALLA KANE ;
6. MAIMOUNA BOUSSO;
7. OUMAR SY;
8. FAMA BA;
9. ABDOULAYE TALL;
10. JACQUELINE SAGNA;
11. MOHAMED SALL;
12. AMY DIA;
13. MOURAMANI KABA DIAKITE;
14. AWA SONKO;
15. ALIOUNE NDAO;
16. BEATRICE GERMAINE TENING FAYE;
17. OUMAR DIOP;
18. AWA SECK;
19. BABACAR VARORE;
20. MAREME MBACKE;
21. MAYABE MBAYE;
22. NDEYE FATOU MANE;
23. BARA NDIAYE;
24. FATOU NGOM;
25. OUSMANE THIOUF;
26. FATOU BA;
27. ASSANE DIOP;
28. ANTA DIA;
29. BANTA WAGUE;

Coalition FARLU

1. MOUSTAPHA DIOP;

Coalition Jamm ak Njariñ

1. AMADOU BA;
2. ROKHAYA CAMARA;
3. CHEIKH OUMAR ANNE;
4. SALIMATA DIOP;
5. MBAYE DIONE;

Coalition Samm Sa Kaddu

1. BARTHELEMY TOYE DIAS;
2. ANTA BABACAR NGOM;
3. CHEIKH AHMED TIDIANE YOUM;

Coalition Takku Wallu Sénégal

1. MACKY SALL;
2. FABINETA NDIAYE;
3. MAMADOU LAMINE THIAM;
4. AISSATA TALL;
5. AMADOU MAME DIOP;
6. THERESE FAYE;
7. MOUHAMADOU NGOM;
8. FATOU SOW;

Coalition Sopi Sénégal

1. TAFSIR THIOYE;

II – AU SCRUTIN MAJORITAIRE DEPARTEMENTAL

Coalition La Marche des Territoires/Andu Nawlé

1. ADAMA DIALLO.

Parti PASTEF

1. ABASS FALL ;
2. MAME MARIAMA DARY ;
3. ELHADJI ABABACAR TAMBÉDOU;
4. MARIE HÉLÉNE NDOFÉNE DIOUF;
5. ELHADJI OUSMANE FALL;
6. NDACK THIAM;
7. ABDOURAHMANE DIOUF;
8. RAMATOULAYE BODIAN;
9. MAMADOU SEYE;
10. MOHAMED SIRADIO SOUARE;
11. RAMATOULAYE NDOM;
12. BABACAR NDIAYE;
13. SAFIATOU MALICK MBAYE;
14. IBRAHIMA MBENGUE;
15. MAME DIARRA BEYE;
16. MATAR SYLLA;
17. YOUNGARE DIONE;
18. KHADY SARR;
19. BADARA DIOUF;
20. SOKHNA DIARRA THIAO;
21. ALIOU SENE ;
22. COUMBA NDIAYE ;

23. CHEIKH THIORO MBACKE;
24. FATMA MBODJI ;
25. AHMADOU LO;
26. KHADY SOW;
27. DIOGOMAYE DIAW;
28. CHEIKH FAYE;
29. AMY NDIAYE;
30. ANSOUMANA SARR;
31. MARIAMA COLY;
32. SAMBA DANG ;
33. MOMATH TALLA NDAO;
34. MAIMOUNA DIENG;
35. EL HADJI GUEYE;
36. NDEYE AWA DIENG;
37. ELHADJI DIOP;
38. ISMAILA DIALLO;
39. ROKHY NDIAYE;
40. ALIOUNE BADARA DIAGNE;
41. MASSAMBA DIENG;
42. ANTHIA DIENG;
43. ABDOULAYE SOW;
44. MAMADOU LAMINE SOUARE;
45. AMDIATTA DIABY;
46. YOBA BALDE;
47. NDEYE MARIE SANE;
48. BOULY DOUCOURE;
49. DIARAYE BA;
50. IBOU GUEYE ;
51. SAFIATOU SOW ;
52. DABA WAGNANE ;
53. OUSMANE DIOP ;
54. MALICK NDIAYE ;
55. SAYE CISSE ;
56. SERIGNE ABDOUL AHAD NDIAYE;
57. MAREME FALL;
58. IBRAHIMA MBODJ ;
59. MARIEME DIAMANKA ;
60. SEYNABOU YACINE SAMBE;
61. ALIOUNE DIEYE;
62. INSA DANFA;
63. AWA SY;
64. CHERIF AHMED DICKO;
65. SONA KINTY SOLLY;
66. MOHAMED AYIB SALIM DAFFE;
67. HOLEMATA BAYO;
68. ADAMA TANDJIGORA;

69. BOYE BABY;
70. MOUSSA MBAYE;
71. AWA SOW;
72. MADY DANFAKHA;
73. MAYE SAO;
74. MAMADOU LAMINE DIAITE;
75. FELICITE MBOUGANE SARR;
76. DJIBY CISS;
77. AMY DABO;
78. AMADOU BA;
79. FATMA GUEYE;
80. ABDOULAYE FAYE;
81. ANNE MARIE YACINE TINE;
82. OUSMANE CISS;
83. GRASSE FAYE;
84. BACARY DIEDHIOU;
85. OUSMANE SONKO;
86. ALPHONSE MANE SAMBOU;
87. GUY MARIUS SAGNA;
88. OULIMATA SIDIBE;
89. LAMINE FAYE;
90. DAOUDA NDIAYE;
91. NDEYE NDIAYE;
92. ALASSANE NIANG;
93. AMADOU LAMINE DIOUF;
94. AICHA TOURE;
95. YOUNOUSSA CISSOKO;
96. ABDOUL KADYR SONKO;
97. FATOU DIOP CISSE;
98. SAMBA DIOUF;
99. AMADOU DIALLO;
100. AWA DIONE;
101. FODE MANE;

Coalition Jamm ak Njariñ

1. MOUSSA HAMADY SARR;
2. NAFI KANE;

Coalition Takku Wallu Sénégal

1. DAOUDA DIA;
2. RAQUI DIALLO;
3. MAMADOU DIAW;
4. AISSATA OUSMANE DIALLO;
5. AMADOU DIALLO;
6. SOKHNA BA;
7. BARANE FOFANA;
8. DJIMO SOUARE;

Article 3. – Les résultats définitifs des élections législatives, bureau de vote par bureau de vote, seront publiés dans le *Journal officiel* de la République du Sénégal et sur le site web du Conseil constitutionnel ;

Article 4.- La présente décision sera affichée au greffe du Conseil constitutionnel et publiée au *Journal officiel* de la République du Sénégal ;

Délibéré par le Conseil constitutionnel en sa séance du 27 novembre 2024 où siégeaient : Monsieur Mamadou Badio CAMARA, Président, Madame Aminata Ly NDIAYE, Vice-président, Messieurs Mouhamadou DIAWARA, Youssoupha Diaw MBODJ, Madame Awa DIÈYE et Messieurs Cheikh NDIAYE et Cheikh Ahmed Tidiane COULIBALY, membres.

Avec l'assistance de Maître Ousmane BA, Chef du greffe.

En foi de quoi, la présente décision est signée par le Président, le Vice-président, les autres membres et le Chef du greffe.

Le Président

Le Vice-président

Mamadou Badio CAMARA

Aminata Ly NDIAYE

Membre

Membre

Mouhamadou DIAWARA

Youssoupha Diaw MBODJ

Membre

Membre

Awa DIÈYE

Cheikh NDIAYE

Membre

Cheikh Ahmed Tidiane COULIBALY

Le Chef du greffe

Ousmane BA

Table des matières

Structures éditoriales du groupe L'Harmattan

L'Harmattan Italie
Via degli Artisti, 15
10124 Torino
harmattan.italia@gmail.com

L'Harmattan Hongrie
Kossuth l. u. 14-16.
1053 Budapest
harmattan@harmattan.hu

L'Harmattan Sénégal
10 VDN SICAP AMITIE 3
BP 45034 Dakar-Fann
direction@senharmattan.com

L'Harmattan Cameroun
Tsinga/Derrière polyclinique FECAFOOT
BP 11486 Yaoundé
Jacques.koukam@harmattan.fr

L'Harmattan Burkina Faso
Villa 281, secteur 23 623, rue 14.32
Ouagadougou
zagbie@outlook.fr

L'Harmattan Guinée
Almamya, rue KA 028 OKB Agency
BP 3470 Conakry
harmattanguinee@yahoo.fr

L'Harmattan RDC
185, avenue Nyangwe
Commune de Lingwala – Kinshasa
matangilamusadila@yahoo.fr

L'Harmattan Congo
219, avenue Nelson Mandela
BP 2874 Brazzaville
deunovmikhael@gmail.com

L'Harmattan Mali
Immeuble Mgr Jean Marie Cissé
Aci Hamadallaye
BP 145 Bamako
syllaka@yahoo.fr

L'Harmattan Togo
Djidjole – Maison Amela
face EPP BATOME
02 BP 20680 Lomé
didieramela11@gmail.com

L'Harmattan Côte d'Ivoire
Résidence Karl – Cité des Arts
Abidjan-Cocody
03 BP 1588 Abidjan
harmattan.ivoire@gmail.com

L'Harmattan Bénin
Rue 604, (Immeuble à l'entrée
de la rue UCAO- Cite de Saint-Jean)
Cotonou
stepcorpus@gmail.com

Nos librairies en France

Librairie internationale
16, rue des Écoles
75005 Paris
librairie.internationale@harmattan.fr
01 40 46 79 11
www.librairieharmattan.com

Librairie des savoirs
21, rue des Écoles
75005 Paris
librairie.sh@harmattan.fr
01 46 34 13 71
www.librairieharmattansh.com

www.ingramcontent.com/pod-product-compliance
Lightning Source LLC
LaVergne TN
LVHW021213061026
849535LV00008B/2714